THE EMPATHY EFFECT

我想好好理解你

HELEN RIESS

海倫・萊斯——著
莉茲・尼波倫特——著
丁凡——譯

本書獻給所有知道當一個「圈外人」是什麼滋味的人，
相信有朝一日，同理心和我們共同的人性，是讓我們團結起來的信念。

目錄

CONTENTS

PART II

第二部分

各界好評

任何關懷別人的人都可以從海倫．萊斯醫師的書中獲益。在充滿挑戰的此刻，本書是重要的貢獻。

——保羅．艾克曼博士（Paul Ekman, PhD），舊金山加州大學醫學院榮譽教授，著有《揭開臉部的面紗》（*Unmasking the Face*）與《心理學家的面相術》（*Emotions Revealed*）

同理心一直都是療癒藝術家的祕密才華。在《我想好好理解你》一書中，慈悲的海倫．萊斯醫師把這個古老的工具加以現代化，讓每一位療癒工作者，以及任何人，都可以擁有這項實用而且可以企及的技巧。

——丹尼爾．高曼（Daniel Goleman），《紐約時報》暢銷書作者，著有《EQ》（*Emotional Intelligence*）

世界級的科學家寫的這本書探索了重要議題，讀起來像是迷人的小說，充滿動人的故事、有趣的研究、無數的實際方法。現在的社會人際脈絡逐漸鬆散，本書為個人、伴侶、家庭、組織和社區提供希望與協助，找回人際關係。

——瑞克・韓森博士（Rick Hanson, PhD），《紐約時報》暢銷書作者，著有《力挺自己的12個練習》（*Resilient*）、《像佛陀一樣快樂》（*Buddha's Brain*）和《大腦快樂工程》（*Hardwiring Happiness*）

《我想好好理解你》提供我們機會，深入瞭解最重要的人類能力——如何感知、理解、關懷別人。現代人往往缺乏同理心，這本書揭開科學的面紗，讓我們看到同理心和慈悲如何彼此重疊，我們將看到培養同理心與慈悲的關鍵元素。本書內容基於多年實際運用和科學研究，是對人類的即時禮物。

——丹尼爾・席格醫師（Daniel J. Siegel, MD），《紐約時報》暢銷書作者，著有《覺醒：存在的科學和實踐》（*Aware: The Science and Practice of Presence*）和《第七感：自我蛻變的科學》（*Mindsight*）等書

在這本偉大的書裡，萊斯醫師用稀有的洞見分析了同理心，為我們提供了一條路，仔細傾聽我們的服務對象，檢查我們自己的心。

——吉姆・歐康諾醫師（Jim O'Connell, MD），波士頓遊民健康照護計畫（Boston Health Care for the Homeless）總裁，哈佛醫學院助理教授

海倫・萊斯醫師用故事和科學描述了一種被低估，但是極為重要的情緒：同理心。我們將學到我們的眼神、姿勢、音調如何擁抱或孤立別人——如何養育健康的孩子、擁有精彩的職場生活、啟發政治領袖，或是相反地倡導數位霸凌、訴訟、社會問題。任何人若是想要理解關係，無論是個人關係或政治，《我想好好理解你》都是必讀。

——芭芭拉・布萊德里利・哈格提（Barbara Bradley Hagerty），《紐約時報》暢銷書作者，著有《重新定義人生下半場：新中年世代的生活宣言》（*Life Reimagined: The Science, Art, and Opportunity of Midlife*）

易讀又有趣的書，充滿令人心領神會的時刻。讀者將理解，當我們體驗到別人的痛苦時，到底發生了什麼事。

——蘇西・萊德（Susie Reider），Google 廣告部經理

本書一開始就吸引了我。我在動態冥想瑜珈中心（Kripalu Center）擔任教師和教師訓練師，已經超過三十年了。我一直積極參與帕金森氏症的社群，以及其他有特殊需求的社群，擔任他們的瑜珈教師。同理心對我並不陌生。閱讀本書讓我學到了更多。作者仔細分析並深入挖掘同理心，提供讀者同理心的七個重要元素。我讀著這些有智慧的文字，只希望三十年前就有這本書，幫助我面對經常充滿挑戰的教師訓練，教導慈悲心與同理心。我很感激讀到了《我想好好理解你》，希望全世界都能夠閱讀它。

——美嘉．南西．布敦漢姆碩士（Megha Nancy Buttenheim, MA），「讓瑜伽舞起來」（Let Your Yoga Dance）公司的愉悅總經理，著有《拓展愉悅感：讓瑜伽舞起來》（*Expanding Joy: Let Your Yoga Dance*）

大家都知道，同理心是療癒界巨大的資產，但是很少人知道我們可以經由有系統的訓練培養同理心。本書讓大家——不只是健康照護專業人員，也是任何一個想要成為更好的傾聽者和照顧者的人——都能接觸到發展和訓練同理心的技巧。

——唐諾．波威克醫師（Donald M. Berwick, MD），健康照顧改善學院（Institute for Healthcare Improvement）榮譽院長及資深成員

神經科學研究、說故事技巧和實際的運用方法加在一起是什麼呢？就是《我想好好理解你》。是的，同理心可以學習。感謝萊斯醫師，醫學院正領導著大家學習同理心。商學院應該將《我想好好理解你》列為學生必讀！

——瑪格麗特．格林伯格（Margret H. Greenberg, MAPP, PCC），《正向的益處：提高生產、轉變企業的領導策略》（*Profit from the Positive: Proven Leadership Strategies to Boost Productivity and Transform Your Business*）

任何有效的中學老師都知道，如果學生知道你愛他們，他們都會學得更好。我們不是他們最好的朋友——我們也不應該是——但是如果孩子知道我們在乎他們，他們就可以飛翔。好老師都知道這一點，而萊斯醫師則描述了背後的科學，貢獻卓著。她用具體例子支持科學研究，提供實用的建議，從基本改變了許多孩子的困境。

——約翰．芬利牧師（The Rev. Dr. John H. Finley IV），波士頓天啟學院（Epiphany School）創建者及院長

萊斯醫師解釋了什麼是「同理心」，將這個一天到晚聽到，卻很少好好定義的現代陳腔濫調變成協助讀者連結、成長和發光的工具。

——喬瑟夫·李醫師（Joseph Lee, MD, ABAM），福特基金會（Hazelden Betty Ford Foundation）青少年聯線（Youth Continuum）的醫學主任

現代社會充滿了惡意，媒體每天刊載嚇人的新聞，粗魯，甚至殘酷。我們要如何重新學習文明的態度呢？在這本精彩易讀的新書中，海倫·萊斯將故事、發現與實踐交織在一起，提升我們的同理心。經由「共享的心智智慧」，從同理心的七個關鍵，到領導力裡的同理心政治，萊斯醫師用最簡單的神經生物科學詞彙描述同理心，並解釋為何同理心對於健康照護和人類其他服務如此重要。她在面對挑戰時，成功而精彩地轉化生命、愛、工作以及人際連結。

——理查·拉文醫師（Richard I. Levin, MD），阿諾戈德基金會（Arnold P. Gold Foundation）總裁，紐約大學和麥克吉爾大學的榮譽教授

前言

前方道路十字路口有一輛翻覆撞壞的車子，汽車頭燈歪斜，有一個人坐在路上全身是血。我的朋友喬治看到了，停下車子。有人說警察正在路上。喬治走出汽車，但是沒有像別人一樣，他呆呆地安靜站著看。他了坐下來，手臂環抱此人，把他拉向自己的胸前，對他耳語著安慰與鼓勵的話。這人的頭皮流出鮮血，染紅了喬治的衣服。是什麼力量讓喬治這樣做呢？讓他迎向麻煩，而不是逃避。

早些年，民主黨大會遇到很多抗議。柏特住的旅館外，街上有許多年輕人喊著口號。忽然，有暴力行為出現，警察也以暴力回應。有些抗議者跑進旅館裡，逃避警察。幾分鐘內，有人敲柏特的門。他打開門，門口有幾位流著血的年輕人。柏特讓他們進房間。又過了幾分鐘，警方也來敲門了。他們扯著年輕人的頭髮，把他們抓走了。

他們離開之後，柏特覺得自己必須做些什麼。他打好領帶，穿上西裝外套，上街。他小心走過聚集的民眾，到了年輕人被帶去的警局。

柏特走到接待櫃台，假裝自己是紐約來的律師（事實上，他是一位演員）。他說自己是剛剛被帶進來的年輕人的律師。他在心裡打賭，夜深了，警方無法打電話到紐約去確認他的身分。他賭贏了，把學生們帶出警局，帶去醫院，而且自己沒有被逮捕。

我經常想到這兩位朋友，不知道他們做善事的勇氣從何而來。

我漸漸相信，他們的勇氣來自這本書的主題：同理心。

過去二十五年裡，我一直在試圖理解，是什麼力量促使人們用最正向的方式對待彼此，能夠清楚溝通而沒有困難與誤解。答案越來越清楚了，我尋找的正是同理心。

海倫．萊斯是同理心專家。我遇到她的時候，覺得自己終於能夠更深地理解我朋友的勇敢行為了。他們在那一刻產生了同理心，並採取行動。

但是同理心到底是什麼呢？大家給的定義充滿矛盾。有人說同理心是慈悲，又有人說可以經由同理心邁向慈悲，但是同理心本身不見得可以導致良好行為。有人認為，無論同理心是什麼，每個人天生都有某種程度的同理心，不會因為後天因素而增加。不，其他人說：小時候必須有人教你同理心。當然，有些人深具同理心地宣稱，同理心是無法教導的。

海倫．萊斯走進這一大堆說法，讓大家安靜下來。海倫知道，同理心可以教導，因為她自己就在教同理心，並研究同理心。她教過成千的醫學專業人士。她看到同理心提升了，同時紀錄了她的研究。

她以基本的方式研究這個基本的人類特質。

研究人類如何異於其他動物的科學家曾經跟我說，同理心在「人之所以為人」上扮演了很重要的角色。

同理心讓我們有能力讀懂別人的心，或者說，能夠以別人的角度看世界。在很大的程度上，同理心可能讓現代人類生活得以進行。

同理心不但讓我們可以和別人對話，也讓商業行為得以發生，甚至讓政治得以發生（你要如何說服別人，你的提議對他們有利呢？除非你能夠知道他們的興趣是什麼）。

一點也不意外地，幾百年來，人們都對這個特質深感興趣。

「同理心」一詞出現在語言中大概只有一百年，但是作家和哲學家已經探索了很久。

美國詩人惠特曼（Walt Whitman）思考著別人的痛苦對我們的影響，寫道：「我不問痛苦的人他感覺如何。我自己去成為那位痛苦的人。」他發現，當我們體驗到同樣的感覺時，我們能夠理解別人的感覺。也就是說，我們自身的感覺是看到別人感覺的透視鏡。

英國哲學家大衛・休謨（David Hume）說過：「人的心智是彼此的鏡子。」這種想法最早可以追朔到西元前八世紀時，古希臘詩人荷馬（Homer）寫道：「……時間教會了我，我的心學會為別人的好運發光，為別人的厄運融化。」

同理心和慈悲不同。但是很難想像，沒有了同理心，慈悲還能夠存在。同理心似乎是人性的核心，也是我的朋友在很久以前的晚上，為了陌生人的安全而冒險的核心精神。

是什麼讓我們與別人產生連結？什麼讓我們一起創作？無私地合作？這個很強的力量是什麼，竟可以驅使我們成為最好的自己？

問題是我們要如何掌握讓自己生命茁壯的基本元素？答案就在你手上的這本書裡了。

艾倫・艾達（Alan Alda）

導言

為何要研究同理心？

我在波士頓大學醫學院（Boston University Medical School）的第一年，精神科教授理查．查辛醫師在舞台上排了一圈椅子，代表曾經有創傷經驗的家庭成員，每一張椅子代表一名家人。他不是專注於一位有創傷經驗的成員，而是示範給我們看，整個家族都參與了表達和管理受苦的人的情緒。每次從系統中移除了一張椅子，家庭就需要重新調適，如果沒有這個人扮演他的角色，會發生什麼事。

這是我第一次發現，我自己的家庭並不像我一直以來想的，其實並不獨特，甚至很尋常。發現自己能夠辨認並分享形塑童年生活的重要景象，令我感到安慰——這是同理心的基本元素。

在第二次世界大戰中，我的爸媽幾乎失去了一切，然後移民美國。爸爸十四歲時，他的父母被極權政府處決了。那時，他和兩位妹妹失去了特權般的生活，被送到飢餓集中營去。我母親的家庭也被迫拋下一切財產，離開家，在勞動營工作。她的父親在那裡過世。這些殘忍的故事像窗簾似的，掛在我們家的角落。有很多光線照進來，但是窗簾總是在那裡，形成陰影。

我的父母是德裔基督徒，這讓事情更為複雜了。一八〇〇年代，他們的祖先移民到南斯拉夫的達諾比河谷（Danube Valley），在那裡過著和平的日子，直到第二次世界大戰快要結束。在狄托（Tito）政權下，他們忽然陷入了種族清洗，政府立意要把所有德裔和其它「不受歡迎」的族群都消除掉。命運如此扭曲，狄托政權把德裔人口趕出家門，送去集中營，就像德國希特勒政權把幾百萬的猶太人和其他人送進集中營一樣。歷史上，一直有暴政將幾百萬的人民消滅掉，他們的故事甚至沒有人提起。

和我父母屬於同一個教區的教友出於同理心和信仰，協助他們從集中營逃走了。後來，他們在澳洲遇到彼此，結婚，移民到美國。因為他們的德國口音，不知道他們的背景，也不想知道他們的故事的人，會立刻批判他們。很多人只因為他們是德裔，就假設他們在身為受害者的恐怖歷史中扮演了迫害者的角色。

被批判的痛苦、被誤會參與了恐怖的戰爭犯罪，加上沒有人同情他們自身經過的痛苦，對他們的影響很大。他們不但失去了家庭、家園和國家，還被誤會。他們很難承受。這些誤會對我的影響也很深。

小時候，同學因為對方無法控制的因素而欺負別人時，例如膚色、住處、家庭狀況，我總是很難過。為了表面的條件而受到批判是不公平的，我心裡憤怒極了。我變得非常在意社會公義，直到今天都如此。我渴望療癒別人情緒上的痛苦，因此選擇了精神醫學作為我的事業。現在我已經成為專業人士了，我聽著病患述說他們的故事，例如精神病的汙名化，以及大家問他們為什麼「吃那麼多精神藥物」，讓我對於大家無法用同理心看待他們的掙扎，感到憤怒。

大約十年前，《紐約時報》、《華爾街日報》和《華盛頓郵報》的頭條標題經常呼籲大眾對健康照護賦予更多同理心的時候，我就已經參與同理心研究了。我跟麻省醫院（Massachusetts General Hospitql）精神科合作，做了一項調查。我們想要知道，門診時，如果醫生的言行較有同理心的話，醫生和病人之間的心理參數是否會彼此符合。我們想看看是否可以找到具體證據，顯示兩個人「同步」的狀態。

我們使用一個簡單的技術，稱為皮電反應（galvanic skin response），測量皮膚的電阻變化。這是對情緒激動最敏感的測量了。我之前的一位學生，卡爾．馬爾希博士，追蹤了醫生和病患的生理反應，看他們何時彼此同步，何時不同步。他追蹤了皮電活動，測量皮膚釋出多少汗水，代表當時生理和情緒活動的程度。然後我們問病人，醫生表現了多少的同理心。結果顯示，同理心越強的醫生，醫生與病人的生理跡象越彼此吻合。

這個實驗的大突破是我們發現了一個生物記號，可以定量測量非常難以捉摸的同理心。一位女士看到代表自己內在焦慮的生理記錄，以及醫生的反應時，吸了一口氣說：「我覺得我看到了我的心靈X光！」她這輩子大部分時間都有焦慮症，但覺得沒有人看得到她的痛苦。現在看到了這個醫病連結，讓她的治療有了長足的進展。在這裡，我們注意到了同理心的力量，並同時繼續修正我們辨認和度量同理心的能力。

身為哈佛醫學院的老師，我對於把隱形的情緒變成可以看見的數據，感到極大的興趣。我開始思考，如何運用這個工具改善醫療專業人士的同理心。我很幸運，在哈佛獲得一項博士後醫學教育的獎學金，開始在哈佛梅西學院（Harvard Macy Institute）上課，學習同理心的神經科學，運用新的工具，發展同理心預防訓練，並在隨機控制的實驗中加以測試。

之後我在麻省醫院創立了同理心與關係科學計畫（Empathy and Relational Science Program）。這是第一個此類的研究計畫。一開始的時候，許多專家認為同理心是天生的：你有同理心，或者天生就沒有。我和同事在同理心計畫中作研究，招募六個專門科別正在受訓中的醫生，給他們短期的同理心技巧訓練，看看他們是否更能夠看得懂病人的情緒線索，更有效地做出回應。在訓練前與訓練後，我們請病人給醫生打分數。接受訓練的醫生在訓練後都會獲得明顯比沒受訓練的醫生更高的同理心分數。是的，我們看到了，事實上，我們可以教導同理心，也可以學習同理心。

我們知道，當病患受到同理與尊重的對待時，看病的經驗比較好，比較信任他們的醫生，比較會乖乖吃藥，療癒效果會比較好。醫生也有好處。我們的研究顯示，醫病互動裡的同理心提高時，醫生對工作的滿足度會上升，也比較不會疲累。他們報告說，學著坐下來，注意到面前的整個人，而不是僅僅注意到疾病或身體受傷的部位，讓他們感覺和病患以及自己的專業都更有連結了。

大家都想要上同理心訓練的課，但我無法一一滿足他們的需求。哈佛梅西學院有一門課，叫做「健康照顧與教育的領導創新」（Leading Innovations in Health Care and Education），我在這個課裡學到了如何將我的訓練課程修改到可以讓最多人接觸。接下來我和別人合作創立了同理心公司（Empathetics, Inc），經由電子信件和現場的訓練課程在全世界提供同理心訓練。

很快地，其他行業也開始請我提供同理心訓練。我發現，教導醫學專業人士的方法也可以運用在其他人身上，無論他們是誰、做什麼工作、是哪裡人。事實上，第一個執行我們的同理心訓練的組織是美國中西部的一家大銀行。銀行負責組織發展的副總裁，勞麗絲．烏爾福德，認知到同理心是她的團隊最需要的關鍵能力，才能獲得組織的成功。

本書中，我希望為大家示範，對別人有更大的同理心將提升你自己，以及社會整體的生活品質。經由同理心，家長看到了孩子本來的面貌，協助孩子發揮潛力；教師和學生產生連結，協助學生發掘和拓展他們的才華；企業在雇員身上投資，組織因此更為茁壯；政治家開始真正代表所有選民，為他們的需要服務。藝術一向都可以連結眾人，互相學到更多關於彼此的事情，找到共同之處，啟發對彼此的好奇心而不是彼此批判。提供同理的經驗，提醒了我們：所有人都是人類社群的一部分。

我的研究發展出同理心的七個關鍵，經由訓練課程的不斷改進，可以協助你過更好的生活。你將學到這七個關鍵是什麼，你可以學到如何運用它們來改善生活的每一個面向，從你的親密關係到家庭生活、學校、公司、社區生活，以及組織中的領袖角色。下一章的主題是分享心智的豐富神經網路。當你更能經由神經網路領會一切，你將能豐富別人的生活，世界將變得更包容、更融合。

書中提及的病人和其家屬，如與現實雷同，純屬巧合。為了可讀性，當我提到個人的時候，我會用「他」或「她」，而不會用「他或她」。這並不表示任何內容指涉某一性別。本書中的意見都是我的，不一定反映了我工作的機構。

第一部分

PART I

第一章

分享的心智

桑德拉嘆了一大口氣，在我辦公室的椅子上重重地坐下來，她臉上的表情預言著什麼。

她說：「我不知道要如何忘記發生的事。」

我感到喉嚨緊縮，心跳加快。我還不知道細節，已經感受到了她的情緒。擔心害怕的情緒充滿了我。她是波士頓馬拉松炸彈事件的第一批救援者，當她試圖幫一位受傷的人脫下鞋子的時候，對方整條腿掉了下來。

或許這個故事讓你倒吸一口冷氣，或是覺得不舒服。或許你不知不覺地也摸你自己的腿。假設如此，你就是在經歷一個「分享的心智經驗」。

即使這不是你的真正經驗，你的腦子已經藉由特定的神經迴路，釋放出類似桑德拉的感受，注入了桑德拉和受傷者的情緒和身體的痛苦，你再也不會和閱讀這一段之前的你完全一樣了，這就是同理心在運作。我們暫時想像另一個人的思維和感覺，體驗他們的不適。典型地，接下來就是同理關懷（empathic concern）。你關懷另一個人，激發出慈悲的回應。

在許多狀況下，同理關懷促使我們幫忙別人。信不信由你。有許多心理學家和神經科學家在研究同理心，結果非常有意思。同理心學者相信，同理心源自父母的照顧，提倡關懷別人的行為，以確定孩子能夠存活。關懷別人的行為會協助物種生存，因此，幾千年來，大腦關於同理心的迴路一直被保存了下來。

同理心有許多定義，在研究同理心的、不同類型的學者之間造成困惑，包括哲學家、心理學家、科學家和教育家。大家都試圖定義同理心。同理心其實是人類幾個不同面向的能力匯整在一起，讓我們因為別人的困境和情緒而感動。我比較喜歡用「同理能力」（empathic capacity）一詞，而不用「同理心」（empathy），因為「同理能力」傳達了「同理心包含許多不同的心理及生理面向」的概念。

同理能力需要大腦迴路，讓我們對別人可以認知、處理、作出回應。記得我自己對桑德拉在波士頓馬拉松經驗的反應嗎？只要整合三個非常人性的行為，就可以知道這個人多麼有「同理心」了。當一個人表現出對別人的同理心時，通常善於認知別人的感覺是什麼，能夠處理這個資訊，並能夠有效作出回應。所以，我們必須擴展定義，把同理心當作諸多能力的整體表現，是從認知別人的經驗到產生回應的一連串功能。如果心存懷疑的話，最後還要和對方確認自己的認知是否精準，最後這一步稱為「同理正確度」（empathic accuracy）。本書從頭到尾，我都會用同理心的科學名詞 empathic，而不用一般的字眼 empathetic，因為書中資訊來自神經科學對同理心的研究。

回到桑德拉身上。我感染了她的感覺，因為我瞭解她的面部表情、她的姿勢以及她的音調，我想像她如何產生動機去協助受傷的人，然後發現自己握著他的腿，從他身上斷掉，落入她手中。她的故事非常驚人。我必須壓抑自己的感覺，才能聽她說話，而不至於被恐怖擊倒。我用緩慢、安靜、深沈的呼吸來穩住自己。我不確定知道她的情緒是什麼，但是我知道她非常不舒服，我需要知道更多，我需要照顧我自己的情緒反應，才能真正幫助她。我用了我建立的同理心訓練的基礎「ABC」技巧。注意到我自己的緊張和心跳加快，我承認（A, acknowledge）我們在進入一個情緒上很困難的對話，我用深呼吸（B, breath）來管理自己的反應，然後運用我的好奇心（C, curiosity）吸收更多資訊。我想像她的情緒包括恐懼和哀傷。我問她，她感覺如何。她說她很害怕，也覺得無比哀傷，然後又說，她也覺得有罪惡感。

她說：「我應該能夠為他做得更多。」

這時，我試著想像，如果我試圖協助某個人，覺得自己的努力反而讓事情更糟糕了，會是什麼情景？（顯然這並不是真的。他的腿被炸彈碎片切斷了，本來就是永遠無法救回來了。）因為我從來沒有置身相同的狀況，這一切都是在練習用別人的角度想像。在治療師的角色裡，我無法一直陷溺在彼此共有的悲痛中。在一開始的時候，悲痛讓我與她的恐怖經驗產生共鳴。但是我必須繼續前進了，用更細心的方式，運用我的好奇心和心理師的專業技巧，來瞭解她經歷了什麼。桑德拉需要療癒，她需要有人知道發生了什麼事情，協助她從心理創傷中恢復。

我們已經透過神經造影研究，看到同理心如何在腦中被激起。受測者躺在掃描機裡，看著錄影帶。研究者幫腦子照相，看到腦子牽涉到同理心的部分亮起來。研究者已經能夠指出一個人對別人感到同理時，腦子牽涉了哪些不同部分。最重要的貢獻來自研究同理心的神經科學家，證明了同理能力有情緒（情感）和認知（思考）的部分。根據這些研究，我們現在知道，當人們理解其他人的困境，並做出相對應的反應時，同理心就被激發了。即使他們自己沒有感覺到完全相同的情緒，還是能夠經由想像，在認知上體會這個經驗。

同理能力是很重要的人類特質，我們將同理能力帶進生活的每一個部分，包括養育孩子、教育系統、健康照顧、職場、企業、法律、藝術、環境、數位世界、領導與政治。我們將探索同理心為何、如何協助我們考慮各種可能性與結果。光是靠我們自己，可能無法考慮到這麼多，但是當我們彼此瞭解、彼此合作時，經過我們分享的腦子，我們可以做得到。同理心的演化確保家長會好好照顧幼兒，讓孩子得以存活。家長照顧幼兒的模式成為一個基礎，讓我們可以理解其他狀況中的同理心。

過去，大家相信，你是天生有同理心，或是沒有，基本上是無法改變的。但是，做同理心研究的人都相信，很重要的一個觀念就是：我們可以教導同理心。我的實驗室做的研究已經證明這個假說了。醫生接受了同理心訓練之後，病人對醫生是否有同理心的評價高了很多。特定的訓練可以提升認知、看事情的角度和自我調整技巧，讓我們不至於承受不住別人的痛苦。同理心是一個很精微的平衡，一方面是感知別人的感覺，另一方面是學著管理我們自己的感覺，才能真正協助對方。我們需要學習管理我們的同理反應，最終才能提供關懷的反應，即使我們無法立即找到該說的話。

同理心（Einfühlung）

一直到了二十世紀初期，才有同理心這個詞出現。同理心（empathy）一詞源自德文的 Einfühlung，意思是「體會」。在十九世紀中期到晚期時，由德國美學家引進。他們用這個字描述觀賞藝術品時的情緒經驗。一開始是二十世紀初，希臘的 empatheia（體會）一詞的使用。觀賞藝術品時，藝術家和觀眾可能永遠不會見面，卻能夠投射情緒，啟發繪畫（或音樂，或戲劇）。這是第一次有人試圖描述我們可以「體會」別人的情緒。原本的意思是描述和繪畫或雕塑在美學上的連結，被藝術感動，產生深刻的情緒共鳴。

同理心經常和其他類似詞彙混為一談。你可以交換使用同情心和同理心兩個詞，但是研究者和科學家則認為二者不同。兩個詞彙中，「同情心」比較老舊。在古希臘，

「同情心」的字面意思是「一起受苦」，「同情心」源自人們觀察到人類有類似的情感。我們可以辨認別人的情感，因為我們在某個程度上分享了同樣的情感。現在，同情心暗指我們幫別人覺得難受，憐憫他的處境，不見得代表我們對別人的困境也有同樣的情感。

例如說，你可能同情某個人在工作上感到痛苦，很想找個新的工作，即便你很滿意自己的工作。同情心包括認為別人的不快樂或痛苦是不應該發生的。同情心的最佳描述就是你看出窗外，看到有人在寒冷的雨中發抖，你為他覺得難受。同理心則是指你走了出去，站在這個人身旁，經由你的想像，感同身受的體驗到這個人的不舒服和困境，好像是你自己的經驗似的，但是，心理學者卡爾・羅哲斯（Carl Rogers）指出，並未喪失「好像」的成分。這個分別很重要，因為能夠讓你不用專注在自己的不舒服裡頭，而能考慮協助對方的最佳辦法。同理心是很有力的能力，讓你可以和別人分享經驗、感到關心、從別人的觀點看事情、激發關懷的反應。完整的同理心過程會導致同理反應。你真的會走到雨裡，為這位冷得發抖的倒霉的人提供雨衣或雨傘。

到了二十世紀初期，心理學者開始將同理心視為瞭解人際關係的重要元素。

二十世紀中期，康乃爾大學（Cornell University）的羅莎琳．卡特萊特（Rosalind Cartwright），針對人際同理心進行了最早的測試。她忽視更早期對同理心強調的「投射當事者的感覺」，重新定義為「感受別人的感覺」。在這個過程中，她刻意排除了以人際連結為概念核心的做法。我們很容易理解「投射性同理心」和真正同理關懷的差異。在投射性同理心中，人們從你分享的事情直接跳到他們自己的經驗，投射到你身上。投射者沒有創造彼此連結的經驗，而是用她自己的故事壓過了你的困境，沒有提供理解和安慰，往往反而把你放在需要安慰她的位置上。

接下來有一大堆同理心的實驗研究，心理學家開始區分投射與「真正的」同理心。後者的定義為正確評估別人的思維或感覺。一九五五年，《讀者文摘》（*Reader's Digest*）為大眾引進了「同理心」一詞，將其定義為「能夠感受別人的感覺，但是自己的情緒並不過度涉入以至於影響判斷的能力」。這個定義是前身，後來演化成為我們今天對同理心更完整的理解。這個定義指出，同理心是在認知上能夠體會別人的感覺，在情緒上有共鳴，又能夠分辨對方的經驗和你的區別，所以能夠正確的感知，情緒不會受到對方的感覺而產生巨大影響。

同理能力需要大腦精細地整合很多區域。一九五九年，心理分析師海因茲・柯胡特（Heinz Kohut）定義同理心為「感同身受的內省」，強調「感同身受，但又保持客觀」的能力。在心理治療界，他認為同理心是「心理的氧氣」，是治療關係的必要成分。

我們現在用的「同理心」一詞超越了同情心，不是為別人的不適感到難過，而是瞭解別人情緒上感覺如何，並能夠從他的角度看世界。根據定義，同理心不是分離，也不是抽象。同理心需要對別人的內在生命、他們生活的脈絡，以及他們因此產生的行動有密切的理解。要體驗同理心，你需要兩個通道：一個能夠體會別人的經驗（身為研究者，我稱之為「傳入」或「輸入」），一個是回應的通道（我稱之為「傳出」或「輸出」的訊息、語言和非語言的行為，例如臉部表情和身體語言），並有動機作出回應。

過去幾十年，神經科學家肯定了新的定義。他們進行了無數的神經造影研究，發現如果我們同時理解別人正在經歷些什麼，我們和他們會有同樣的神經迴路反應。因此，同理心有情緒、認知或思考的元素。所以，我們很容易、很自然地可以同理和我們一樣的人，彼此有過類似的生命經驗，或是有共同的目標。例如，你可能更能同理孩子有學習障礙的人，或是年長父母有身體障礙的人，因為你的家人也有同樣的問題。

今天，和同理心比起來，我們認為同情心的情緒強度比較低。有人不舒服，你為他難過，但是不會難過到自己情緒不好。聽到一個認識的人最喜愛的老師過世，你可能出於禮貌送他一張慰問卡片，但是不見得感覺到這個人的痛苦。如果你的一位好友失去了所愛之人，你知道他們兩人十分親密，你的感覺和行為就可能進入同理心的範圍了。當你的生命經驗越多，越明白所有的人都有同樣的情緒，你對全部人類的同理能力就會越強，而不會只限於你親近的人了。

藝術家派翠西亞・賽門（Patricia Simon）就是一個分辨同情心和同理心差異的好例子。二〇一〇年，她和家人去渡假，渡假地點現在看起來非常不可思議：敘利亞。

她回憶著說：「我們愛上了這個國家的美景，以及豐富的文化，尤其是他們的人民。」他們回來一年內，敘利亞的政治狀況開始崩毀。很快地，電視和網路上開始出現歷史古城和炸毀的村莊的影像，這些都是她曾經去過的地方。她開始非常擔心敘利亞的人民。她和丈夫狄克參加了一個非政府組織，卡拉姆基金會（Karam Foundation）。這個組織送美國人去土耳其和敘利亞邊界，教難民營的孩子。

我問派翠西亞（朋友叫她派蒂），她為什麼想要去危險的戰爭地區，為陌生人冒生命危險。這不是她的家鄉。她的答案深刻顯示了人類不同種類的同理心。

她說：「我長大的時候，每隔幾年就搬家一次。我總是社區裡新來的孩子，是外人。我對邊緣人和隱形人的感覺變得很敏感。敘利亞難民的經驗更嚴重，但是我還是可以理解他們。我以前遇到過敘利亞人，我去過那裡，我覺得和他們有所連結。」

比起同情心，同理心需要更多的想像力和可以體會的認同。派蒂和她的家人深刻地體驗到了。她有離鄉背井的經驗，能夠認同敘利亞難民的困境，她也覺得她認識這些人。當你同理時，你可以從別人的角度看事情，可以想像別人的痛苦。你可能也可以想像別人在想些什麼、他們的動機是什麼、他們想要什麼。一般人可能對敘利亞難民的經驗感到同情，但是像是派蒂這種人，看到了敘利亞被戰爭摧殘，或是曾經親自體驗過其他種族屠殺的倖存者，就可能會感到同理心，能夠理解戰爭、失去所愛的人、失去家鄉的感覺。更驚人的是派蒂和她的好朋友們組織了一群女性，經過卡拉姆基金會寄愛心包裹和其他形式的支持給敘利亞兒童。一個人的同理回應可以拓展到一整個社群。若非派蒂的啟發，社群裡的人可能原本永遠不會被感動到採取行動。她經由自己的經驗，發展出對受苦的人的觀感，導致了漣漪效應，大家經由情緒及認知的同理心做出了慈悲的反應。當我們看到慈悲心時，我們知道，同理心的圓圈完整了：從感受到別人的痛苦，感覺到同理的關懷，產生動機，經由慈悲的行為安慰別人的痛苦。

第二章

同理心如何運作

本章將仔細檢視腦子如何運作，以產生同理心經驗。

這是個真實的實驗：想像你自己在看著我的手指被針刺了一下。科學家首先用腦部掃描器觀看參與者指頭被針刺的腦部活動，以決定負責痛覺感知的神經元在何處。同樣的實驗，另一群參與者則是在掃描器中觀看別人被針刺到。

研究者發現，觀看者的神經系統基本上和真正感覺到痛的參與者模式一樣，好像自己也感覺到了痛。被針刺的參與者真正感覺到痛的同時，觀看者同樣的神經網路也會發亮。當你腦子的島葉發亮時，你將體驗到痛覺，島葉的神經功能就是在生理上對痛覺作出反應。後來發現，如果你只是目擊者，看到別人痛苦時，你的腦中類似的神經也會發亮。當你想像針刺的痛覺時，腦子會激化同樣區域的神經，就像真正感到痛覺的人，反應就像真正痛覺的鏡像一樣，只是程度較弱。這很驚人，也很有用，因為如果你體驗到和受害者同樣強度的痛覺，同理心會受到阻撓，為什麼呢？猜猜看，你會專注於誰的痛？你自己的！這是很驚人的功能，讓我們能夠與別人的痛苦共鳴，卻不會承受不了，以至於無法幫助他了。

在設計上，你的腦子能夠體驗別人的痛，有兩個重要原因：教你要避免什麼，以及讓你有動機協助受傷的人，無論他們的痛苦來自生理、心裡、情緒，或參雜了以上或多或少的成分。協助別人的一個副產品就是，啟發別人，讓他以後也幫助你。協助別人的感覺很好，這是人際關係中，合作、互助、互惠的基礎。因為我們可以感覺別人的痛苦，就會想要幫助他，於是他會感覺很好，之後也會想幫助你，最終，完成了同理心的圓圈，幫助我們的物種生存。我們有特定的神經元讓我們知道在別人腦子裡發生了什麼，形成抽象的、我稱之為「分享的心智智慧」。

鏡像神經元是在腦部運動前區皮質的特殊腦細胞，稱為F5區以及顱頂部皮質。一九九〇年代，義大利學者用靈長類作實驗，首先發現這個區域。當一個靈長類做一件事情，另一個靈長類看著牠做這件事情的時候，這些特殊的腦細胞都會同時發亮。這些獨特的神經元叫做「鏡像神經元」，主要功能就是將腦子發生的事情，用鏡像反映在觀察者的腦中。雖然科學家當時只在非人類的靈長類中觀察到鏡像神經元，但是這個發現激起大量的神經科學研究，最後發現我們能夠在腦子某些區域彼此分享觸覺、痛覺和特定的情緒，例如噁心。這些區域分別是體覺皮質、賴爾氏島和前扣帶皮質。

研究者檢查短尾猿的運動皮質，他們的發現首度指出，觀察其他短尾猿的行為時，觀察者腦部有同樣的活動。在這些發現之前，科學家一般認為我們的腦子用邏輯思考的過程來詮釋與預測別人的行為。我們現在相信，神經「鏡像」和分享的神經迴路讓我們不但能夠理解別人在想什麼，同時也能感受他們的感覺。

腦子為什麼要演化出這個驚人的網路呢？如果你問一群科學家這個問題，有些人會說是看到別人受傷，觀察者可以自我保護。如果你看到有人被尖銳的工具刺傷，你以後使用尖銳工具時就會更小心。有的專家會說，是讓我們更有動機協助別人，直接對社群有益，對家庭、社會、整個人類都有益。一直回溯到先祖的部落時代，看到別人吃某樣東西，臉上露出噁心的表情，觀察者會在腦中記住噁心的感覺，可以教大家避免吃同樣的東西。我相信，兩種說法都是正確的。我們知道如何避免危險，才能活到現在，同時也讓我們的物種存活。

越來越多的證據顯示，同理心部分根植腦部，分為三個不同方面：情緒（或情感同理心）、認知（或思考同理心）以及產生動機，做出同理反應。對一些高度敏感或有高度同理心的人來說，他們會自然、自動地感覺到同理心。有些人必須刻意把情緒同理心轉弱，才能足夠客觀地做他的工作。例如消防員或外科醫生，必須專注於手上的技術工作，才能成功完成手術，直到手術結束都不能分心。不那麼敏感的人可能需要提升自己的同理心技巧。大部分的人至少都有一點天生的同理心，因為同理心確實在人類的演化歷史上扮演了重要角色，可以追溯到我們祖先腦部的鏡像神經元。如果要完全理解我們可以如何最佳運用同理心來改善我們的關係和生活，就需要更完整地理解這些方面。同理心不只是我們如何看待資訊，也是我們如何理解資訊，被資訊感動，用資訊來驅動我們的行為。

有些科學家認為，同理心是我們的正常模式，我們必須壓抑它，才不會一直注意別人的感覺，為了別人的感覺而分心。這個向度像是一個灰階，兩端都有人，包括那些完全不會壓抑同理心的人，到過於擅長壓抑同理心的人。大部分的人處於這個灰階的中間某處。

情緒同理心（emotional empathy）

上一章提到的派蒂從小就跟著父親的工作經常搬家。即使年紀還很小，她已經對受到忽略和不受歡迎很敏感了。她很快地指出，自己童年生活沒有那麼困難，因為她從未處於像敘利亞戰火下的難民遇到的狀況。然而，這些童年經驗影響了她的腦子，當她看到新聞時，她覺得可以同理敘利亞難民的感覺。當她決定幫忙的時候，不見得能夠把這些感覺訴諸語言。現在回想起來，她說當她看著電視螢幕上的炸彈和崩塌的建築時，她感到一波同理心湧上來。以心理學的詞彙說，她的反應是研究者所說的情感性同理心，更簡單的說就是情緒同理心。這是我想跟你們解釋的第一個同理心的面相。

我們很熟悉同理心的情緒面，也就是我們可以感受到別人的感覺。如果你看到別人日子過得很不順利，或是很痛苦，你可以基於自己對於痛苦的熟悉度，以及個人過去的經驗，立即想像到他們的內在經驗。派蒂和狄克每天晚上在新聞上看到敘利亞母親和兒童臉上的哀傷、恐懼和寂寞的表情。幾百萬的人看到同樣的故事，但是無論原因是什麼，許多人都沒有感動到產生情緒同理心的程度。

大部分的人有能力產生情緒同理心。例如，大部分的人都曾經在某個時候看到有人被玻璃割傷手。你會記得，當你看到這種事情的時候，自己也會在情緒上和生理上產生共鳴，有一些不好的感覺。你可能身體縮了一下，生動地想像到玻璃在你皮膚割下去的痛。你現在光是讀到這裡，可能身體震動了一下，因為你已經感覺到了。要記得，情緒同理心還有一個很實際的現實面，你看到別人痛的時候，會皺眉一下，但是要記得：你其實沒有真正的相同經驗。如果你也真的痛了，你會專注於自己的痛，讓你無法協助遇到困難的人。這個精密的神經系統讓你觀察正在疼痛的人，讓你感覺到一點點他的痛，於是可以決定要不要幫他。

同樣重要的，情緒同理心教你要避免什麼。如果沒有基於外在觀察而建立起來的內在痛覺，你可能光是觀察，但不會學到什麼。瞭解用一片玻璃割過你的皮膚不是個好主意的唯一方法，就是個人親自體會到這麼做會帶來的疼痛。我們這個物種永遠都會被手上的刺痛嚇一跳。

情緒同理心一定要與自我調節保持平衡，才能協助管理過度的情緒激動。過度的情緒激動可能造成界限模糊和個人痛苦。如果你每天暴露在太多的痛苦中，例如癌症醫生、社工、獄卒，過多的情緒同理心可能導致憂鬱、焦慮和彈性疲乏。同理心的銳角會很快地被磨鈍，你會開始與這些人類經驗保持距離。在醫療界，我們稱之為「慈悲疲勞」（compassion fatigue）。

當對方和我們類似時，或者至少我們感覺到某種程度的連結時，情緒同理心最容易被激起。出於本能，我們更容易伸手支持親戚和鄰人，也許是去同一個教會的人，或者對方的孩子和你的孩子在同一個曲棍球隊的人。如果你和對方有某些相似處時，大部分人的同理心都是很活躍的。相對的，如果對方是別的社區的人，或是不同族裔或種族，情緒同理心可能很弱，或是完全缺乏。我們不會都像派蒂和她丈夫，一顆心為了別的國家、不同的人民而感受痛苦。這就是另一種同理心了：認知同理心。

認知同理心（cognitive empathy）

在某個時間點，派蒂和狄克從情緒同理心進入了認知同理心，激發了行動，兩個人留在那裡教孩子，因為那些孩子沒有學校可以讀書了。他們不會說阿拉伯語，而孩子不懂英語。但是身為藝術家，派蒂可以準備美術課和藝術活動，提供學習經驗。

她說：「孩子們把創傷放在心裡，用無比的韌性遮住。他們只想當個孩子，歡笑、畫圖、學習、玩球。我想要他們每一個人都知道，我們來自美國，我們在乎。」

認知或思考同理心管理所有進入我們腦子裡的、有意識的感覺的認知資訊。感受認知同理心之前，你的心理發展以及行為能力需要有幾個元素。認知同理心需要的第一步就是在基本程度上，能夠瞭解到另一個人的思考和感覺與我們不同。

這個稱為「心智理論」（theory of mind），被視為心理發展的里程碑，大約出現在孩子四、五歲時。很小的孩子不知道每個人有不同的腦子、心智、思考和感覺。某一天晚上，我的三歲女兒一面吃蘋果派，一面和祖母講電話，她問祖母要不要吃一口。她的祖母在另一個城市，完全不知道她在吃什麼。我的女兒尚未發展出心智理論，完全不知道祖母無法分享她的經驗和現實。身為成人，我們經常忽視了心智理論，但是一旦注意到，就會瞭解它的運作。你可能看過，有人趕著搭飛機或公車，結果錯過了，門關上了，你不需要知道任何細節，就能夠感受到許多他正在經驗的感覺。同樣的，你只需要看一張高空滑索的照片，根據照片裡的人的臉部表情，你就知道他是興奮，還是害怕了。

心智理論和「讀心術」不同，但是在某種程度上，都是當下瞭解另一個人的腦子裡發生了什麼事的能力，同時也瞭解他們的決定、動機、信念和你自己的可能不同。事實上，基於對方是誰、情況如何、你自己的情緒，你甚至可能對一位完全不認識的陌生人感到同理，因為你知道錯過公車或在高索上滑行是什麼感覺。如果沒有心智理論的認知基礎，同理心不會那麼容易出現。經由自閉症的研究，我們知道自閉症患者腦部和認知同理心有關的神經迴路沒有充分發展。我們也知道，心智理論可以因為失智症或其他腦部創傷而被打斷。

心智理論讓我們可以猜測別人的思考、動機、情緒和慾望，引導我們進行認知同理心的下一步，也就是「採取角度」（perspective taking），這是認知同理心的積極元素，我們經由別人的眼睛看世界。採取角度需要專注的注意力、想像力和好奇心。神經科學研究顯示，當一個人採取了別人的角度，別人腦子有活動的部分，在觀察者的腦中也變成活動的了。我們必須瞭解別人身體、心理、社交、精神的角度是什麼。

正如同理能力的其他面向一樣，對於你的同類（和你有共同特性的人），你比較容易採取他的角度。要採取外人的角度就難得多了，例如對於不同社交團體裡的人，你會需要更多的注意力和記憶，這在認知上需要很多付出，你的腦子需要經由與你很不同的人的角度看世界。當你成功跨越了，從一個陌生的角度瞭解世界，通常會幫助你打破刻板印象，引導你產生對別人，也對他所屬的團體，作出更有利的判斷。歷史中，我們有很多故事牽涉到某個人尋求敵人的協助，於是產生了典範。例如美國南北戰爭中協助黑奴逃亡的人，以及第二次世界大戰中，協助猶太人逃脫的人。

同理關懷（empathic concern）：我們為什麼需要同理關懷以表現慈悲心

繼認知與情感同理心之後，同理關懷是同理心的第三面。這是促使大家做出回應、對別人的幸福表達關懷的內在動機。這是一般人提到「同理心」的時候，想到的部分。認知與情感同理心的主要益處是激發同理關懷，然後讓人有動機採取行動，表達慈悲心。當我們的思考和感覺融合在一起了，你就容易採取同理行為。首先，你感受到別人的感覺，然後你瞭解他們的痛苦，最後你真正關懷他，提供慈悲的回應。慈悲心是同理關懷已經啟動的外在表現和證據，是對別人的痛苦的溫暖回應。你可能覺得這個行為很正常，但是慈悲心並不是一定會在對的地方出現。

同理關懷會進一步成為「行為同理心」，可能導致慈悲的行為，也可能導致個人的苦惱。我們都有過這種經驗，看到壞事發生，卻缺乏足夠的動機、能量或技巧做些什麼。每一週，我們都走過街上的遊民身邊，你可能感到一點苦惱，但是不見得會出手協助。或許有些時候，某個開關打開了，你的同理關懷導致慈悲的行為，你做出合適的回應，例如給他錢、食物或毯子。同理關懷也可以用比較遙遠的方式提出協助，例如寫信給國會議員，要求他們建立更多遊民之家，或者捐助提供遊民支持與精神健康服務的機構。許多我認識的人每天在街上看到遊民都會感到無能為力。「接近的同理心」（proximal empathy）和「遙遠的同理心」（distal empathy）的概念很重要，因為不同的人在不同的時候，會想要用不同的方式作出回應。慈悲行為可以很小，可以只是你眼中流露的關懷。即使是短暫的、人與人的連結，都能將對方從群眾中的無名小卒提升到真正的個人層次。不一定是很大的行動。當你選擇採取任何行動時，你的同理關懷即可能已經被你看待事情的角度激發，才決定這樣做的。

對我而言，最令人為難的現象就是我們經由每天的新聞播報，越來越覺察到全世界各地的痛苦，知道還需要做多少事情才能改善現況。我們天生想要幫忙，但是可以大規模提供協助的那些最有權力的人，卻往往專注於個人權力、協助有錢人、拓展影響力範圍，而不是努力減少世界上的痛苦。科學研究顯示，權力和同理心有反比的關係。往往，距離保護了有錢人和有權力的人，讓他們感受不到一般人的痛苦。但是，因為同理心圓圈的運作，有無數的草根努力，協助了許多有需要的人。當我們自己的同理角度無法帶領我們達到同理關懷和慈悲反應的時候，我們必須小心注意。我們會看到，同理能力不是一直保持在同樣的程度。它的起伏很大，當我們的同理技巧變鈍的時候，我們的同理關懷是很好的氣壓計。

第三章

同理心光譜

「寂寞、覺得沒人要是最糟糕的貧窮。」

細心地花一點時間，吸收德瑞莎修女（Mother Teresa）說過的這句話。你讀到的時候有多麼感動呢？你的腦子裡出現了什麼畫面呢？你看到活在貧窮中，絕望的孤兒嗎？還是無家可歸的老人在街角乞討呢？

端視你目前的生命脈絡，甚至是你想像到畫面時的情緒，你可能至少會體驗到一絲絲的同理關懷。我們會與寂寞、飢餓、孤獨產生同理，即使我們沒有體驗過孤兒或遊民的經驗。但是，有些人讀到德瑞莎修女的話，會產生很少的情緒。這表示你不在乎嗎？或許。或者你正在經歷很糟糕的一天，沒有力氣為別人的不幸付出了。

真相就是，有時候，我們的同理能力會被激發，有時候面對同樣的情況，卻會壓抑下來。我們產生同理關懷的狀況都不同，有些人會經常感受到一波又一波的關懷，有些人在情緒上比較難以受到感動。就像所有的人類情緒與神經邏輯能力一樣，同理心也有灰階，大部分的人分布在中間位置。每一天，端視各種因素，例如情緒、飢餓、睡眠和肩負的責任，你會在灰階上往前或往後挪移一些。

個人化的造影

如何、為何、何時你會感覺到同理心，這都是獨一無二的反應，雖然每個人的神經生物激化過程大同小異，個人腦中活動卻是獨特而且可以記錄下來的。科學家可以用功能性磁振造影（fMRI, functional magnetic resonance imaging）看到腦部的電衝動。我們發現得越多，越學習到同理心的流動本質，我們從一出生——我認為是一種天賦——確實就能夠同理別人、與人連結。但是一直到了最近，義大利帕瑪大學（University of Parma）的神經科學家有了突破性的發現，才打開了令人興奮的大門，看到同理心在腦部的真正本質。

一九九六年，義大利研究團隊正在研究短尾猿的運動皮質區。短尾猿抓住花生，放進嘴巴時，科學家經由儀器觀察牠們從手到嘴的動作。短尾猿頭上戴著像是帽子一樣的fMRI掃描機。他們吃花生的時候，每一次伸手拿花生，第二章提過的F5前運動皮質區就會發亮。有一次，研究者拿起一把花生，自己開始吃了。研究團隊注意到，短尾猿看到科學家伸手拿花生時，同樣的F5區域也亮起來了，有意思。

接下來，研究團隊溫和地控制了兩隻短尾猿的行動，讓牠們保持冷靜，看著牠們的朋友吃香蕉。再一次地，觀察者腦部同樣的前運動神經元也發亮了，就好像牠們自己也在吃香蕉似的。被限制行動的短尾猿腦子「鏡像反映」了吃香蕉的同伴的經驗。雖然他們沒有進一步發現「鏡像」神經元，但義大利科學家能夠記錄下來腦部單一神經元「有樣學樣」的活動。

自從那時候起，幾百個研究進一步擴展了原本的研究結果，我們現在知道鏡像現象了，以及不直接牽涉到鏡像神經元，而是牽涉到其他神經元的、分享的神經迴路機制。它們也會被別人臉上或身體姿勢的表情激發——這是同理反應的神經基礎。經由這些特定的神經元，微笑的臉會讓你快樂，害怕的臉會讓你恐懼，憤怒的表情則讓你警覺。

過去十年裡，研究者探索了同理反應中，「分享的神經網路」所扮演的角色。德國萊比錫（Leipzig）麥克斯普蘭克人類認知與腦部科學學院（Max Planck Institute for Human Cognitive and Brain Science）的神經科學家和心理學家湯妮亞．辛爾（Tania Singer）專注研究同理心，以及我們對於腦部如何處理別人情緒的過程。二〇〇四年，她和同事邀請已婚男女參與同理心研究。辛爾讓妻子接受 fMRI 掃描，然後把電極接在夫妻兩人的手上。電極會傳輸電流到妻子的手上，引起痛苦，妻子接收電擊之後，她都會接收到一個訊息，表示她的丈夫也接收到同樣的電擊。無論是妻子遭受電擊，或是知道她愛的丈夫受到電擊，fMRI 掃描都記錄了妻子的腦部活動。

辛爾和她的團隊分析了數據，結果觀察到，無論是妻子遭到電擊，或是丈夫遭到同樣的電擊，妻子腦部管理痛覺的類似區域都被激發了。不過，當丈夫遭到電擊時，激發的程度較弱。這個結果表示人類腦部和別人有分享的神經迴路，協助我們感同身受別人的痛苦。辛爾發現，當別人受苦時，人類能夠感受到別人的痛苦，但是比自己受苦的感覺弱一點。這是合理地，因為，我們感覺別人的痛，但是不會因此承受不了。知道什麼會引起別人的痛苦，因此學會了避免類似的狀況，以便盡量保護自己。我們會有動機協助別人，因為經由同理心，我們感受他們的痛苦，體驗到同理關懷。

辛爾的文獻是第一份神經科學研究，報告了關於痛覺的兩個反應——我們「自己痛」的體驗，以及我們觀察到「別人痛」的感覺。她的創新研究結果導致一個新的研究領域，深入研究對於別人的情緒反應，以及單純記錄研究參與者自己的情緒。這也是第一個神經造影的研究，顯示腦部對於社會參與、協助別人的結構有多麼重要而有力。我們對於別人痛苦會產生個人經驗，讓我們願意參與、合作、彼此協助，進一步提升我們物種的存活，而不是「適者生存」。

辛爾說：「我開始進行研究之前，有些人甚至預言我會找到『空白的腦部』。我想這是人類整體意識大幅改變的開始。人類將從誇張的自我主義和個人主義轉變到利他主義和彼此互相依賴。」腦部的彼此依賴就是我稱之為分享的心智智力（shared mind intelligence）的基礎。

同理心的引發

這些有意思的科學讓我們首次明白，我們之間都在神經生物的層次有深刻的連結。

有意識或無意識地，我們都一直自然地和別人的感覺共鳴著。當我們參與分享的心智覺知時，到處都是彼此協助與合作解決問題的可能性。但是共鳴可以被許多元素強化或減弱。

想一下，耶誕假期中，你收到很多信件，有許多來自慈善機構，請你捐款。全部都是值得幫助的機構，協助人們、動物和環境。但是我們往往會立即感覺到哪一個主題會讓你拿出支票簿，哪些是「或許」，哪些文宣會被你丟掉。你自己的生命經驗決定了哪個議題最接近你的心，值得你捐款。讓我們很快地試一下，看看我在說的是什麼。

看一看以下的組織。假設你有一千美金要分給他們。哪些議題可以得到一百元？哪些得到五十元？哪些不會得到任何捐款？或是你會把所有的錢捐給一個慈善機構呢？

1. 全國野生動物基金會（National Wildlife Foundation）
2. 拯救兒童（Save the Children）
3. 肌肉萎縮症基金會（Muscular Dystrophy Foundation）
4. 人類住屋計畫（Habitat for Humanity，協助弱勢取得居住處所）

5. 蘿倫・鄧・艾西特利紀念基金（LDAMF，提倡青少年關係、藝術與社區服務）
6. 聯合國兒童基金會（UNICEF）
7. 蘇珊・考曼（Susan G. Komen，提倡乳癌預防與治療的支持團體）
8. 綠色和平（Greenpeace，保護全球環境）
9. 微笑火車（Smile Train，全球提供弱勢顎裂兒童免費手術）
10. 美國預防動物虐待協會（ASPCA）
11. 無國界醫生（Doctors without Borders，為最需要治療的病患提供治療，往往是戰區、天災或瘟疫災區）
12. 喜願基金會（Make-a-Wish Foundation，協助重病兒童達成願望）

對有些人而言，這個任務十分具有挑戰。畢竟，誰不想幫助這些組織做好事呢？但是我敢打賭，至少有一個機構你不會想捐款。單子上的第五個組織叫做 LDAMF。LDAMF 是我的社區的地方基金，你可能根本沒聽過。你和它不熟悉，而且組織的名稱完全沒有揭露它的任務，所以你可能不會想選擇它。

重點是讓你看到，你越是認同組織提倡的議題，你越能感到更多的同理心，於是你有機會變得更具慈悲心。或許你認識一位得了乳癌的朋友，或許你有很多寵物，並且很愛動物。這些相關組織會吸引你的注意和你的同理心。如果我告訴你，LDAMF代表蘿倫．鄧．艾西特利紀念基金，目的是提供經費做關係的教育，你可能還是不會感動到願意捐款。但是，如果我告訴你，蘿倫．鄧．艾西特利是我女兒的朋友，她想跟她的高中男友分手時，被她的男友暴力致死。現在你可能注意到了，這一小筆基金受到麻省州政府注意，將關係教育放在教綱首要位置。經過這個悲劇，我們太晚學到了，分手之後，男女雙方永遠都不要單獨相處。鄧．艾西特利家庭決心支持，教育年輕男女，在戀愛關係中，情緒的複雜以及避免暴力的步驟。這些教育橫跨各個種族、信念、宗教、年紀、性別，可以運用到社會的每一個人身上。

在一對一的關係中，我們如何將信任、同理和資源排出優先順序也是一樣。我們越直接認同別人，以及別人的生命經驗，我們越能同理。在第一章提過，我們最能夠認同我們視為「自己人」的人。要指出誰是自己人並不難。通常是和你族裔、宗教、階級、教育程度、政治傾向相同的人。運動團隊、學校認同、鄰居、汽車俱樂部，或是任何自己所認同、參加的團體，都可以形成自己人的氛圍。你能夠想到你目前所屬的五個「自己人」團體嗎？

我們都會喜歡令我們熟悉的人，心理學家稱之為「內團體偏見」（in-group bias）。幾千年來，人類主要住在部落或小型社區裡，我們的生存需要我們保持和自己人一致——看起來像一個群體、說同樣的語言、吃同樣的食物、敬拜同樣的神明，以及其他等等。即使是今天，數位世界讓我們全都彼此連結了，人類仍然像部落裡的人那樣，有時無意識地，有時滿懷驕傲地認同（如果你是某種職業運動的粉絲，那你就很理解了）。

內團體心態有時會產生問題，當我們面對和我們完全沒有交集的人，也就是「外人」、「外團體」的時候，內團體心態限制了我們體驗同理心的能力。你甚至可能沒有發現你把社會裡的一大堆人都視為外人，但是我們每個人都會這樣。例如遊民對大部分人而言，通常都會落入外團體的類別，甚至不被當人看待。有些人自動將和自己膚色不同的人視為外人，其他人則自動將別的國家、政治傾向、性別、生活形態和宗教不同的人視為外人……等，這張單子列下來會沒完沒了。

內團體偏見如此根深蒂固、如此隱形，大部分的人很難保持客觀。賓州的理海大學（Lehigh University）一項最新研究發現，當白人參與者面對黑人臉孔的影像時，腦中會體驗到短暫的延遲，他們必須有意識地處理資訊，才知道如何面對和自己膚色不同的人做出反應。其他研究顯示，白人參與者必須花更多時間，才能精準地分辨黑人臉上的情緒表達，而且很容易將恐懼和憤怒弄混了。如果故意讓參與者感覺焦慮的話，就需要更多時間分辨，而且還覺得自己看到影像的時間變長了。研究發現，種族偏見會造成對時間間隔的誤解。警方如果對黑人臉上的情緒表現作出延遲的反應，後果極為嚴重。如果害怕的臉被誤解為憤怒或有攻擊性的話，可能造成生與死的差別。辨認臉部表情的差異可能影響一切，從執法人員如何對待嫌犯，到教育家在學生身上花多少時間，以及老闆對申請工作的人如何反應。如果我們繼續犯這些要命的錯誤，我們的社會將無法承擔。也因此我們迫切需要同理心訓練，以改變這個現象。

在我自己的工作裡，我看到同理心訓練如何協助醫生和其他負責健康照顧的人彼此溝通，一起談到不熟悉社區來的病患。我自己親眼看到，當我站在多元的立場和角度的時候，這些病患比較不像號碼或物品，比較像真正的人。除了我自己的研究，我們可以看到同理心訓練的正向效果，就像密蘇里州立大學（Missouri State University）的訓練計畫一樣。在那裡，將要成為定向和行動專家的學生必須戴著眼罩，學習如何在街道上自在行走，讓他們更能理解盲人的日常經驗。這門課稱為「眼罩課」，需要花一百六十個小時戴著眼罩體驗。新的科技也讓大家能夠對別人的經驗獲得更深的理解。戲劇演員珍・崗特列特（Jane Gauntlett）經過一次幾乎致命的意外之後，腦部受傷，偶爾會癲癇發作，分不清方向。她發展出一個虛擬現實體驗計畫，稱之為「穿著我的鞋子」（In My Shoes）。參與者戴著特製眼鏡，可以更接近的體驗癲癇發作的感覺。你在本書後面會讀到這個計畫。

沒有任何練習或虛擬體驗能夠給你完整的身障經驗，但是可以讓我們更瞭解別人面對的挑戰，以及他們的感覺。大部分人無法理解，坐著輪椅搭公車，聽到其他乘客因為被耽擱了幾分鐘而感到不高興，悄悄小聲抱怨或全部噤聲的感覺。除了身障的不便之外，還要覺得自己造成他人不便是很沈重的負擔。

同理心殺手與假冒的同理心

有些人，尤其是做照顧專業的人，同理心偏低可能成為職業危險。我相信你一定聽過——慈悲疲勞。有些人可以創造自我保護的界限，區分自己和別人的感覺。有的人可能看到別人的痛苦後，越來越不開心，需要建構自我調節的技巧，以免模糊了別人的需要和自己的情緒反應之間的界限。

基於腦部的同理能力有基因遺傳和神經生理的基礎。我發展的同理心訓練計畫包括了強化技巧，更能採用別人情緒的角度、自我調節和自我管理。這些技巧和策略協助管理「情緒感染」（emotion contagion），也就是立即感受到別人的經驗，好像別人對著你打了噴嚏，你根本沒時間躲開。我們教導適合的同理回應的方法之一就是強化同理心的認知，同時提供策略來管理和降低過度的情緒反應。我們的練習包括引導的想像、用橫膈膜呼吸和正念靜心技巧。

最簡單的立即性自我調節練習之一就是做幾次深呼吸，對自己說以下的話。吸氣時說：「我在吸氣，吸得滿滿的。」呼氣時說：「我在呼氣，呼得一乾二淨。」很多人發現，這個簡單的技巧比傳統建議的「數到十再說話」更有用。如果不做深呼吸，只數數字不會像橫膈膜深呼吸那樣降低心跳頻率和血壓。當你慢慢深呼吸時，會激化頸動脈的壓力感應器，因此降低血壓。放慢生理反應可以協助避免戰鬥或逃跑的本能反應，而數數字可能只是延遲了沒有經過調節的情緒反應而已。

有些專業人士，像是警官、醫生、護士、社工和老師，都可能感到慈悲疲勞。在這些行業工作的人常常特別具有同理心，但是被所有的挑戰和看到的痛苦打倒了。他們必須學會平衡健康的認知（思考）和情感（情緒）同理心，但仍然能夠工作。

例如，大家期待社工及其他精神健康工作者能夠溫暖同理，但是如果他們一直陷入負面經驗，以及個案的多種障礙的話，他們就很容易變得情緒疲勞。如果能夠專注於他們能夠控制的事情上，例如他們能夠為個案爭取到什麼，取得個案所需要的服務和資源，並用自我照顧的練習去平衡情緒上極為辛苦的工作，他們就能更好地管理情緒過多的問題，避免憂鬱和疲憊。同樣的，深深在乎自己工作的護士，如果專注在他們能夠控制的部分，並學習彼此求助，或向醫療團隊求助，花時間自我照顧，可能更有效率。這麼做會比自己管理一切來得更有效率。機構的支持非常重要，機構應該提供一個鼓勵合作的職場環境，減少工作過量以及彼此競爭的責任。明尼蘇達州有一項研究顯示，當醫療專業人士離開工作崗位，去幼兒園接孩子的時候，能夠完全放下照顧病患的角色，就比較不會感到疲憊。無論是哪種專業或狀況，都必須能夠平衡同理心和責任。表達人性和同理心的同時，還是要維持有助益的、有希望的、有意義的專業角色。

喜歡討好別人的人也可能有慈悲疲勞。我們可能以為，讓別人快樂是出於同理心，但並不一定如此。往往，動機更像是需要被人接納。如果你覺得怨恨或憤怒自己付出很多，卻沒有得到足夠的回報，你可能就有這個傾向。請你當心：不要讓自己被人利用，甚至更糟的，變成「關係成癮」，習慣把別人的需要放在自己的需要之前，相信協助別人會讓自己更好。這個習慣將侵蝕自我同理心，長久下來，往往導致對別人的憤怒和怨恨。這部分你會在第十一章讀到更多。

另外也有一些賦權行為「感覺像是同理心」，但不是同理心。典型的例子就是我們賦權破壞性的行為，例如吸毒或賭博，或是當所愛的人有精神疾病時，沒有求助。賦權的人會第一個借錢給別人、提供別人食衣住行、幫上癮的人找藉口。這個現象可能看起來或感覺起來像是同理心，但是，事實上卻阻礙了對方為自己的行為體驗自然後果，因此問題永遠沒有解決。曾經有酒癮的人最瞭解這一點了。比起別人，他們最能夠同理上癮者的經驗，但是他們通常基於自己的經驗，最不會成為賦權的人，因為他們知道這樣做一點效果也沒有。

最後，我還要談到假冒同理心的「直升機父母」。你看過的：父母過度寵溺、過度保護孩子，總是在孩子頭上盤旋不去。他們會隨時衝進來，拯救孩子，不願意讓孩子自己管理生命中遇到的跌跌撞撞。他們會說：「我對孩子有那麼多同理心。」但這不是同理心。這些父母可能覺得自己在表達對孩子的愛，其實是在妨礙孩子的發展，讓孩子無法管理自己的人生，沒有從行為後果中學習，如此長大的孩子往往會期待職場也提供同樣的保護。我的一位同事曾經面試過一個人，後來家長打電話來，責備我的同事為什麼沒有雇用她的兒子，在電話裡大吼，說她的兒子是「最有資格的」。

同理心的障礙

無論你的同理能力多麼強，你都不可能隨時對每個人都有同理心。你也不應如此。當你讀到一個故事時，是什麼機制讓你採取行動，或是跳過去不理睬呢？很有意思。

二〇一二年，康乃狄克州的珊蒂．胡克小學（Sandy Hook Elementary School）有二十二位學生被謀殺之後，小城收到非常多的協助，以至於需要八百多位志工處理各處寄來的捐獻物資。絨毛動物玩具、物資、幾百萬美金被送到安靜的富裕小城。他們其實完全不需要物質濟助。即使當局一再呼籲民眾，把物資送給其他慈善機構，物資還是一直湧入。善意大量湧入小城的同時，全美卻有幾乎兩千萬兒童餓著肚子上床。

對於許多捐獻的人，這種遠距同理心完全是對於失去自己孩子而發自內心的原始恐懼。每一位家長都能體會這個最糟糕的噩夢，一想到有人刻意地射殺這麼多無辜的孩子就感到恐怖。這個本能的恐懼和我們內建的同理心，以及我們對自己孩子的愛緊緊相連，在演化生物上有其根源。人類有史以來，為了物種的生存，都一定會想要保護自己的孩子，這個天生的動機非常強大。大部分的人可能沒有意識到，我們的腦子非常在意，要確保我們的基因可以傳給下一代。過度擔心地保護我們的孩子，就是在確保我們的基因可以延續下去。

正如珊蒂·胡克事件以及其他悲劇激發了大量慷慨捐輸，慈善、慈悲和同理回應，也是受到社會科學家所謂的「可以認同的受害者效應」（identifiable victim effect）影響。我們越直接認同受害者——無論是康乃狄克州的小學生，或是波士頓馬拉松爆炸案的選手和旁觀者——我們越會打開心胸，拿出支票簿。那麼，為什麼當其他悲劇造成的痛苦一樣大，或更大時，我們卻沒有回應呢？奧勒岡大學（University of Oregon）研究了遙遠地方發生的人類悲劇，例如蘇丹的達爾福（Darfur）、利比亞、盧安達，美國大眾相對沒有那麼大的反應。他們發現，並不是因為缺乏同理心本身，而是人們感覺無助，覺得任何的協助都將無濟於事。在驚人的統計數字和幾百萬人挨餓的狀況下，一個人的同理反應又能做什麼呢？

面對巨大的全球需要時，個人——無論多麼有同理心——的大腦沒有能力處理如此巨大的痛苦，所以我們往往不做任何事。和決策當局合作的專家開始找出對應方法，例如在非洲，有人提供五十美元的小型金融借貸給窮困的農人、拓展非政府組織，或是全球科技分享合作，都是將同理心縮小範圍的例子。將計畫保持在個人層次，讓人更能產生認同。

當同理心召喚我們的時候，還有其他原因讓我們裹足不前。例如，有許多人類特質和性別有關，像是女性同理心比較強。湯妮亞・辛爾（Tania Singer）的團隊做了一些研究，看看性別在神經的同理反應上扮演了什麼角色。一項實驗中，研究團隊雇用演員和一群參與者進行分享金錢的遊戲。一位演員一直很慷慨，另一位演員則一直不公平的分配金錢。遊戲結束後，參與者對慷慨的演員表達正向感覺，對不公平的演員則有負面評價和不信任的感覺。

接下來，辛爾重複之前讓一對夫妻得到電擊的同樣實驗。這一次，不是讓相愛的人一起作實驗，而是用這兩位演員和參與者。結果讓人意外。無論是哪一位演員（公平或不公平）受到痛苦的電擊，女性參與者都表達了同樣的同理心。她雖然不信任和不喜歡被電擊的演員，但是並不會影響她同理反應的強度。但是男性參與者就不一樣了。慷慨的演員被電擊時，男性參與者表現出同理心。但是不公平的演員遭受電擊時，他們就完全沒有同理心了。事實上，男性參與者發現討厭鬼正在受苦時，與愉悅相關的腦部報償區域明顯的受到激發。

研究者的結論是：男性同理反應會受到對方的社交行為影響。不像女性，男性對自己喜歡的人表現同理心，但是看到他們不喜歡的人受到懲罰時，反而感到滿足。

雖然研究顯示了同理反應的天生性別差異，其他研究認為我們還是可以改變這些自動化的神經反應。無論是從未身為病人的醫生，或是從未想像過障礙者生活的身體健康的人，或只是需要將自己的同理心範圍往外拓展的一般人，我們都知道，只要好好訓練，人們的想法可以改變，而且還可以很快、很深地改變，親身體驗別人面對的挑戰可以大幅改善同理心。

我自己對於腦中同理心的延展性研究中，最令人興奮的發現來自檢視六個不同科別的醫生和手術專業醫生的隨機控制實驗。在醫療專業中，要證明因果關係，或是檢視某個程序、干預、藥物的成功與否，就一定要做隨機的控制實驗。「隨機」的意思是電腦不依照任何規則分配參與者。「控制」則是我們小心刪除可能影響結果或讓結果產生偏差的元素。

參與我們研究的醫生在接受同理心訓練之前和之後，都由他們真正的病人針對醫生對病人展現的角度觀點和同理反應評分。使用E.M.P.A.T.H.Y.字母縮寫[1]，以及在下一章會討論的技巧，我們教醫師如何用一套方法恰當地「閱讀」病人的情緒，理解病人的溝通。方法包括使用保羅．艾克曼醫師（Dr. Paul Ekman）發展的臉部表情解碼工具。艾克曼醫師是面部表情辨識的領銜專家。醫師們學習如何詮釋訊號，例如肢體語言和姿勢，發展自我調節以及評估別人情緒的技巧。經過短期的精準訓練之後，醫師變得更瞭解面前的病人表現了。接受訓練的這一組也接受了如何管理困難互動的指導，例如，當病患想要操控醫師，要求開處方藥時，要如何管理。他可以將索取藥物的對話轉到藥物濫用上。他們學到經由同理心傾聽，培養自己的好奇心，而不是批判對方。醫師花時間深化醫病關係，運用團隊提供照護，於是可以開始新的、關於用藥的對話，探索新的、更健康的解決之道。經過簡短的同理心增強訓練之後，醫師比控制組的其他醫師得到明顯增高的病患滿意度調查。這項研究是第一篇證明同理心可以被訓練的文獻。

好消息是，我們的研究清楚呈現了改變醫療文化的希望，甚至是可以改變任何以關係為重點的個人或組織。我們現在擁有已經被證實的工具來做到這一點。有了適當的訓練，包括情緒技巧、情緒管理、採取角度、分辨自我與他人，以及其它可以改變的腦部能力，我們可以努力學習和練習同理心的原則，往健康照顧和所有產業更光明的未來前進，這就是我們在接下來要談的主題。

1 E.M.P.A.T.H.Y. 是同理心公司（Empathetics, Inc.）授與麻省醫院使用的註冊商標。

第四章

E.M.P.A.T.H.Y.® 的七個關鍵元素

我們在學校學習閱讀、寫作、數學和許多其他重要科目，但許多教育家一直主張，需要教四個科目：閱讀、寫作、算術和關係。大部分人不會學到我認為極為重要的兩個科目：非語言溝通和同理心表達。老師教我們「說什麼」和某種程度的「如何說」，但是很少教我們「如何自處」和「如何讓別人自處」。你可能覺得，學校不需要教這些主題，認為大部分人自然就會了，但是我認為並非如此。

當你只專注於說出來的話，不注意其他的時候，會忽略了非語言訊息的重要角色，超越語言本身定義的其他資訊，在情緒與真正含義的溝通上，其實才是關鍵。端視如何說出來，同樣的句子可能有非常不同的意思。當一個人說：「好襯衫」時，他可能在誇獎你的口味、侮辱你，或和你調情。這是語言與非語言訊息的精密舞蹈，受到演化、社會元素和每個人獨特的互動影響。有些研究發現，超過百分之九十的溝通來自非語言訊息，只有百分之十的訊息來自語言。

在我的專業裡，我看到教導非語言溝通的迫切需要，以便提升醫病之間的互相理解。我經常看到醫病關係中的溝通崩潰，有時，醫生認為他們在說某件事，病人卻聽成另一件事了，醫生認為自己聽到病患說了什麼，病患則可能選擇性地聽到他們想聽的事情。

這不是我的想像，很多文獻支持我的觀察，包括一項超過六百人的有趣問卷調查，探討醫師如何對病患溝通「致癌的可能性」。實證醫學資料庫（Medscape）——一個新的網站，為醫師和主要照顧者提供資訊——在問卷中問醫師，他們是否會主動告知病患致癌的風險，超過百分之七十的醫師說他們會告知，但是只有百分之三十的病患記得醫師提起，二者之間的認知差異可能引起嚴重後果。一半的病患提到自己有癌症徵狀，超過百分之二十的病患最終得到癌症診斷。

當醫生和病患溝通良好時，可以提早發現癥狀，良好溝通可以救命。但很顯然地，事實並不一定如此。醫病之間往往有語言障礙，對於釋出或接收資訊有嚴重的文化差異，對於非語言訊息中隱微但是重要的細節理解也大為不同。彎曲的眉毛、手臂交疊、音調都可能被忽視。如果只仰賴語言本身，真的很容易引起誤解。

我的研究團隊有系統地檢視了文化如何用非語言的方式表達同理心，辨認出幾個普世的同理心非語言表達，包括打開身體的姿勢、溫暖的臉部表情、撫慰的聲音。有趣的是，即使大家面帶微笑、表現友善，如果兩臂交叉，或是採取強勢的身體姿勢，都不會被認為在表達同理心。雙臂的姿勢不如微笑般，是需要更多有意識地注意，才能表達友善，而不是防衛。

我知道醫療專業一定有更好的方式跟病人說話或傾聽病人，我開始研究並實驗各種方法，最後，我設計了E.M.P.A.T.H.Y.，放進我的新教學計畫裡，用來評估非語言行為。從二〇一〇年到二〇一二年之間，我們在麻省總醫院進行同理心訓練的隨機控制實驗，E.M.P.A.T.H.Y. 成為這個新的同理心教育的基礎。我們也在品質提升計畫「醫生溝通」（MD Communication）中，用E.M.P.A.T.H.Y. 訓練了幾百位麻省總醫院的醫生，用這七個縮寫字母讓人容易記住七個步驟，我們得以示範醫療專業人士，對病患進行語言與非語言溝通時，無論是理解或回應的七個關鍵要素。

很快的發現，E.M.P.A.T.H.Y. 工具不但可以用在醫生身上，同樣的概念也可以運用在其他關係和環境裡。在人類互動中，當我們想和別人連結並協助別人時，同理心是最強的力量。正如任何技巧一樣，同理能力也可以被塑造、調整、加強和管理。從一開始，我就不斷測試並重新調整E.M.P.A.T.H.Y.工具，這個工具可以協助任何人大幅增進自己在世界上與人互動的同理心。我們在其他群體也用過這個工具，例如企業、銀行、教育和各階層的精神與生理健康照顧機構。現在要花一點時間，解釋E.M.P.A.T.H.Y.代表什麼，在清楚的同理溝通中扮演什麼角色。

E代表四目交接（Eye Contact）

某些非洲部落中，以「沙屋坡那」（Sawubona）打招呼，意思是「我看到你了」。他們認為，眼睛看著對方是最高致敬，表示你看到他的靈魂之光。這個做法比我們說「嗨，你好嗎？」更有意識。西方有句話說：「眼睛是靈魂之窗」。四目交接，即使只是一下子，你也可以看到對方的許多訊息，知道他在想什麼、感覺如何了。

四目交接是人類最早的經驗之一。母親和新生兒看著彼此的時候，雙方的腦中都會釋放依附荷爾蒙，催產素（oxytocin）。愛、連結、同理心全都湧入他們的腦中灰質，母親的眼睛是一面鏡子，反映了新生兒的存在。

事實上，研究顯示母親的凝視對於心智發展非常重要，如果從小就剝奪了四目交接的經驗，對孩子會有嚴重影響。這時，腦中整合社交溝通、同理心調和、情緒調節、刺激評估的部分會發展異常。沒有機會和母親四目相對的孩子比較容易形成「不安全的依附關係」，以及往後的自尊心缺乏、無法信任別人、難以調節情緒。

從最一開始，眼神交會就是活化大腦社交區域與同理心有關的部分的重要方法。一項追蹤眼睛的研究顯示，當你看著某人的臉孔時，你的眼睛會在眼睛、嘴巴或鼻子上停留一下子，然後看別的地方。這些停頓非常細微，讓你腦子裡註記圖像，形成對這個人的印象，構成許多社交和行為的線索。研究顯示，情緒同理能力高的人會花更長的時間看對方的眼睛，即使他們看的是影片，也是如此。

當我們面對面和人說話時，有點類似新生兒和母親對看的過程，會經由別人的眼睛送出關於我們自己的資訊。研究顯示，我們如何凝視對於建立情緒連結非常重要，腦子對於直接和不直接的眼神接觸極為敏感。腦部掃描研究顯示，當我們遇見害怕或憤怒的人時，如果他們是直接看著我們，或是躲避我們的眼神，會讓我們腦部處理情緒的核心區域——杏仁核（amygdala），用不同的方式發亮。

面對面可以協助你內化資訊，理解這些資訊和你有什麼關係。有些科學家認為，這種社交評估會以更正向、更互惠的方式啟發你。重要的企業討論會議以及健康照護的門診，都非常重視面對面，其中一個原因就是參與者可以評估各種細節，以及各種只有當面接觸才會注意到的微細資訊。在現代社會裡，越來越難經由眼神接觸來評估一個人的情緒狀態，我們轉而經由簡訊、電子信件以及其他形式的數位溝通來互動。一旦牽涉到幾十億元的生意，企業人士仍然會搭飛機飛過半個地球，親自參加會議或簽署文件。他們要親眼看到未來的合夥人。

首次遇見某人時，你可以特別注意他們的眼珠顏色，以加深眼神交會的同理效果。多花點時間看著對方的眼睛，將比簡單的打招呼，更能傳達出你真正「看到」他們的訊息。我訓練並督導的醫療專業人士表示，注意對方的眼睛顏色加強了他們對病患的問候——提升信任——協助他們專注於病人的個別人性上，對於接下來發生的事情有莫大的助益。

然而，我並不建議你過久地凝視著剛認識的人，眼神接觸過久會讓對方不自在，必須考慮到文化差異和個人差異。例如，在很多東方文化裡，打招呼的方式比較隱微，過久的眼神凝視會被視為不禮貌。還有，有些人對於直接的眼神接觸不自在，無論是凝視別人，還是被人凝視，例如自閉症光譜上的人，大腦較無法處理眼神凝視的情緒脈絡。為了表現尊重與傳達同理心，我們必須對差異性敏感、瞭解文化喜好、知道何謂正常。

M 代表臉部表情（Muscles of Facial Expression）

你的腦子會自動模仿別人的臉部表情。正常情況下，有人對你微笑時，你也會對他微笑。如果你看到有人撇嘴表示噁心、揚起眉毛表示驚訝、皺眉表示挫折，或有任何其他原始情緒的臉部表情，你也會有同樣的表情。自動模仿的動作往往會因為肌肉記憶而引起同樣的情緒。例如，當你皺眉，就會引起哀傷或煩悶的情緒，這是非常強的反射。你看照片或影片時，可能也會發現自己正在做出同樣的臉部表情。這是無意識的反應，你可能無法注意到，但卻是我們同理能力的重要元素。

臨床心理醫師保羅・艾克曼（Paul Ekman）突破性研究指出和基本情緒相關的臉部表情。艾克曼和其他人的最新研究顯示，解讀臉部表情與情緒的能力大多有生物基礎，小部分來自社會制約。有些情緒有普世的詮釋，有些則根據文化背景而有不同的詮釋。例如，東方人和西方人在辨識臉部表情時，會注視不同的部位，於是，同樣的表情可能導致不同的結論。東方人傾向於看整個臉部，西方人則傾向於注意某個特定部位。

每個人的臉傳達思考和情緒的方式都不同，就像指紋一樣的獨特。大部分的人都能閱讀人臉，瞭解他們在想什麼、感覺什麼。如果你本來就很瞭解這個人，或是這個人的背景和文化與你相似，就會更容易解讀。當你對陌生人，尤其是另一個國家的人時，如果用一般解讀來理解某個特定臉部表情的含義時，就可能產生誤解。研究顯示，當我們遇到熟悉或不熟悉的臉時，神經迴路的活化會不同。

相似的臉部表情不一定有相同的含義。只要輕微改變眉毛的彎曲、眼睛四周的肌肉，或是控制嘴唇的精緻肌肉，就可以形成細緻的差異，卻大幅改變了這張臉傳達的意義。許多元素會影響臉的詮釋。根據艾克曼的研究，我們會根據我們的社會地位和主觀認定的權力平衡，而運用更多或更少的注意力來關注別人的臉部表情。你會更注意上司或教授臉部肌肉細微的改變，而不會那麼注意別人的臉部肌肉改變。

以微笑為例。我們將微笑和快樂、喜悅、愉快聯想在一起。但一定如此嗎？艾克曼可以藉由臉部肌肉無意識的細微表情而辨識杜鄉微笑（Duchenne smile），真心的快樂微笑，以及其它種類的微笑。杜鄉微笑的名稱來自法國解剖學家紀堯姆・杜鄉（Guilaume Duchenne）。他用電擊刺激不同臉部肌肉以研究情緒表情。杜鄉微笑包括顴大肌（zygomaticus major muscle，使嘴角向上）和眼輪匝肌（orbicularis oculi muscles，提高臉頰，眼睛四周形成魚尾紋）的收縮。沒有真正情緒的皮笑肉不笑則只收縮顴大肌，把嘴角提高，但是眼輪匝肌保持不動。杜鄉寫到，微笑時的靜止眼輪匝肌「掀開了假朋友的面具」。

事實上，微笑也可以用來遮掩其他情緒。有一天，我親眼看到了，我的病患蘇珊進來時，臉上有大大的微笑：她終於和有施虐傾向的男朋友分手了！乍看之下，她的快樂微笑似乎是真的，但是她的眼睛沒有笑，而且額頭中間明顯向下彎的馬蹄鐵形肌肉立刻抓住我的注意力了。

一八七二年，查爾斯・達爾文（Charles Darwin）首先描述了這個往下開口的馬蹄鐵形肌肉，稱之為「哀悼肌」（grief muscle），因為當一個人真的感到哀傷時，哀悼肌會不由自主的收縮。有些人的馬蹄鐵看起來像是短的圓柱，端視額頭的皺眉肌（corrugator muscles）天生有多大。這個表情很難假裝，因為只有真正感到哀傷或痛苦時，哀悼肌才會收縮。蘇珊微笑的臉上，哀悼肌正在收縮。

我對她說：「你看起來很難過。」

只需要這一句話。她哭了起來說：「這是我做過的最困難的事情了。我準備好和約翰分手了，可是我會很想念他的家人。我到美國的時候，只有他們……」她哭著，我不禁想到，如果我只對她的微笑做出反應，她可能壓抑什麼情緒。

臉部表情如何與同理心產生關聯呢？一項丹麥研究顯示，同情心和「臉部反應」的聯結，他們給一群志願者看一系列生氣或快樂的臉部照片，研究者用臉部肌電圖（electromyography）技術測量臉部表情，發現問卷上顯示強烈同理反應的人，看到生氣的表情時，眉毛和眼睛的活動較多，看到快樂表情時，臉頰的活動較多。同理反應比較低的人則根本無法分辨生氣和快樂的表情。和低同理心的人相比時，高同理心的人也會將生氣的臉評估成更為生氣，快樂的臉更為快樂。似乎，同理能力較高的人對臉部反應和臉部表情更為敏感，這個能力也提供他們更高的同理正確性。

你不需要是專家，也能注意到艾克曼和其他人描述的小小的表情。你只需要注意，當你專注地看著一個人的臉時，可能發現，即使你無法解釋為什麼，但是你和他在一起的時候，就是會有某種感覺，並因此知道他的感覺是什麼。有時候，你無意識地注意到一些微小的表情，感受到他的感覺，甚至還沒意識到你自己情緒的轉變。當我們談到Y的時候會繼續討論這個現象。

P代表姿勢（Posture）

無論表情如何，一個人的姿勢會透露他真正的內在情緒狀態。達爾文建議過，情緒的演化目標是預先設計好我們的心智狀態，屆時才能作出某種特定的反應。身體的姿勢和情緒狀態有關，設計來協助我們辨認情緒狀態。垮掉的肩膀表示洩氣、哀傷，甚至憂鬱；坐得很直表示快樂或信心。和情緒有關的身體動作與姿勢可能和臉部表情一樣重要，可以理解情緒行為的意義與神經生物學，解讀身體姿勢時，牽涉到臉部表情認知的腦部區域也會發亮。

你可能已經注意到了，高等餐廳、航空公司和其他服務業，會訓練服務人員站和顧客在同樣的高度，眼神接觸。幼兒園老師也一樣，會蹲下來看著學生的眼睛，同時傳達尊重和傾聽。相較起來，想要展現強勢的公司總裁可能站在長桌前，其他人都坐著。一系列的研究顯示，你只需要採取有權力的姿勢：雙腿打開站立、脊椎挺直、雙手叉腰，腦部就會湧出關於地位的化學物質，幫助你投射出自信和更巨大的存在感。不過，這些研究尚未被重複證實。

你現在知道，跟一個人說話時，他的姿勢與肢體語言會透漏多少資訊了。想像一下，你在一個聚會裡，和剛剛認識的某人說話。如果你們兩個談得來，你們可能無意識地模仿彼此的身體姿勢，用著同樣的非語言訊息，例如摸頭髮和某種手勢。如果聊得不投機，你們可能微微地轉向，離開對方一些，背部僵硬，緊張地動來動去，直到你們之中的一個人找個藉口快快離開，例如說要去對面房間拿一些點心。下次初遇某人的時候，注意這一切。你將學到許多你給別人的第一印象如何，反之亦然。

身為醫生，我知道自己姿勢的微細差別，將大為影響病患對我的觀感，也會影響他們認為我是否有同理心。我總是經由肢體語言投射出尊重與開放的態度，第一次與病患坐下來會談時，我會身體面對他們，往前傾，坐在眼睛平視對方的高度。我會使用鏡像與非肢體訊息。這一切都傳達了我在個人層次上注意到他了，並對他有興趣的訊息。如果我發現自己雙臂交疊，就會問自己：是房間太冷了嗎？還是我在無意識地傳遞出不開放的態度呢？過去十幾年裡，我一直教導全球醫療專業人士類似的技巧，每次上課之後幾個月裡，都會得到驚人的回應。一位醫生跟我說，現在她和病人一起坐下來，覺得與病人更有連結，比以前更享受她和他們的互動。這個簡單的改變打開了不同的關係，病人都表示喜歡。這非常有意義，因為她本來在考慮放棄行醫，因為她太疲憊了，工作缺乏意義，以前經常盯著電腦螢幕看，讓她覺得自己是打字員，而不是醫生。這個簡單的調整協助她再度把病人當成人來看了。

A 代表情感（Affect）

人臉是瞭解別人情緒的重要指引。每個人的臉都在訴說著情緒的故事。年紀大了之後，我們有些情緒被刻劃在臉上，形成線條，不再消失。「情感」是情緒的科學名詞。接受訓練成為心理師的時候，我的老師教我一定要注意病患的情緒，在腦子裡做記錄，這是每一種心理評估的重要步驟。這樣做可以協助我注意到病患表達的重要情緒，確定我不會錯過哀傷、惱怒、困惑或興奮的情緒表達。這是很重要的練習，讓我感知病患的情緒。事實上，對每一個我關心的人都是如此，光是注意到他的臉部表情是不夠的，你一定要能夠詮釋你看到的表情。研究顯示，我們經由前額皮質（prefrontal cortex）到中腦（midbrain）的邊緣系統（lymbic system）的主要情緒中心來詮釋視覺資訊。

當我和一群非精神科醫生同事談話時，我發現他們沒有辨認情緒的訓練。誰受過這種訓練呢？大部分的人會說他們「跳過了」這個部分，好像這一點也不重要似的。我敢說，如果醫生、教師、客服人員和其他助人工作者不知道如何感知其他人的情緒，他們可能不知道對方根本沒有聽進他們說的任何話，因為他們沒有在「人」的層次建立彼此之間的連結。

情緒是所有具有挑戰性對話的核心。如果你沒辦法「辨識情感」（情緒），就無法完全意識到為什麼具有挑戰性的對話如此困難了。對方覺得受到威脅、懷疑、無助、憤怒、噁心、丟臉或自責嗎？這些情緒會讓你感覺如何呢？你可能試著忽視或延遲被別人激起的，那些關於你自己的情緒，但是這些情緒是很重要的線索，可以瞭解別人腦子和心裡發生了什麼。

你可能可以瞭解那種挫折，像是為了可能引起嚴重後果的緊急事故，而打電話到客服中心，結果卻聽到尖銳的回應，包括：「請你等一下。」你的情緒可能處於暴衝階段，除非你聽到：「我知道你一定感到很挫折，我很抱歉你遇到這個問題。請你等一下，我會儘快回來協助你。」如果對方的粗糙回應不包含承認你的情緒，你就會越來越暴躁。有時候，你會對等一下回來接電話的人發火，使得他們更不願意協助你了。這就是別人的反應如何影響我們的生理和情緒。

我們之後，講到Y（你的反應）的時候，會進一步討論這個概念。現在暫時只需知道，試著讓自己給主要個人數據定位的第一步，就是盡力給情緒貼上標籤，否則你將無法完全在場，或是無法調整到對方的情緒頻率。如果你想鼓勵、啟發、安撫或讓某人為他自己負責，你必須先試著理解你的起點是怎樣的情緒平台，否則就無法擁有成功的有效溝通。

T 代表音調（Tone of Voice）

溝通時，音調傳達了三八％的非語言情緒內容，是同理心很重要的關鍵。語言學家將口語的步調、節奏和音頻稱為韻律（prosody），結合了口語的情緒，超越文字以及文字順序所代表的表面意義。

人類對音調的變化與韻律非常敏感。當你說某人：「他很擅長……」時，你的音調會傳達你的意思。你是在表達欽佩、嘲諷、蔑視、驚訝或噁心呢？如果你的聲音輕快，句子尾端有驚嘆號的感覺，你可能在表達欽佩。如果音調低沈，每個字都像是咬緊牙根蹦出來的，就可能是在表達蔑視或噁心。

音調往往比實際說出口的字更重要。已經過世的娜里尼・安巴蒂（Nalini Ambady）做過一項很聰明有效的研究，顯示醫生的同理音調對病人經驗有巨大的影響。他們過濾了外科醫生和病人溝通的錄音，只留下對話的音量、步調和節奏。研究者把這些過濾的錄音播給志願者聽，發現聽的人可以只憑著音調，就能夠分辨哪些外科醫生以前有醫療疏失的訴訟歷史，哪些醫生沒有。如果外科醫生的聲音顯得強勢，音調較低沈，就可能有醫療疏失的訴訟歷史。這個結果建議，如果醫生對病人情緒進行敏感的溝通，和聽的人提高連結感，可以改善雙方的互動，避免醫療糾紛。

我猜，醫學界的經驗研究結果對所有人都有益。我發現，當我和遇到困難的朋友或同事說話時，這些結果可以協助我，調整我的音量和說話速度。安撫的聲音很有效，可以協助別人覺得自己被聽見了。相對的，如果某人正在跟你很大聲地說一個令人難過的故事，你最好將自己的回應調低。雖然鏡像反映他的憤怒可以讓他覺得你分享了他的正義感，但是提高你的音量會使得他更為激動，對事情並沒有幫助。

H 代表傾聽全人（Hearing the Whole Person）

很多人稱之為積極聆聽，我稱之為「同理聆聽」。同理聆聽的意思是注意對方，辨認他的情緒，懷著慈悲、不帶批判地作出回應。同理聆聽的基本原則就是首先試著瞭解對方的角度，然後試著讓他瞭解你自己的觀點。聽起來好像很容易，但其實非常困難。這表示你要放下自己的情緒，打開心胸傾聽。以神經學來說，這表示調低你自己杏仁核驅動的威脅感應，同時傾聽對方，如果雙方都處於「紅色警戒區」，就不會有建設性的對話。紅色警戒區就是感到受威脅、恐懼，打開了防衛系統，就沒有人真的在傾聽別人。最為有效的方法是雙方同意輪流說話，然後傾聽對方說話，知道雙方都有機會不受打擾地被聽到。臨床心理師稱之為「說聽」（talk-listen）練習，對於覺得自己受到伴侶誤解的伴侶諮商尤其有用。每一位伴侶可以不受干擾地說十分鐘，另一位只是傾聽，然後交換角色，換人說話，另一位傾聽。當我們不受打擾地述說時，強烈情緒往往會減弱，聽到對方的整個觀點，往往會使人豁然開朗，同理傾聽讓人在情緒和心智層面都能與人建立連結。

很多人覺得同理傾聽很困難。他們只聽到「主要的抱怨」，卻沒有聽到「主要的擔心」。即使律師願意傾聽並處理客戶的抱怨（當法院沒有公平對待他），她也可能沒有處理客戶沒有說出口的擔心——如果他又要請假兩個星期的話，要如何面對上司？或許他會被炒魷魚也不一定。如果律師問到了客戶沒說出口的擔心，就可以創造和客戶更信任、更關懷的關係，可能使得法庭上的壓力比較小。同樣的，如果老師聽到學生抱怨成績太爛，他可能不知道，學生真正的擔心其實更大。或許這個成績會讓她失去上大學需要的獎學金。注意並保持好奇，這個人為什麼不開心？你可能只聽到他說了什麼，但是你也要探索他沒有說出口的訊息，開啟解決問題的可能性，減輕對方的憂慮。

當你同理傾聽，你會需要運用許多同理的關鍵元素。你的耳朵不只聽到話語，也聽到韻律和音調。你的眼睛看著他的臉與肢體語言，運用直覺和你的「心」感覺話語背後的情緒，同時，經由自己的肢體語言對他傳達信任、尊重和開放的心胸。有兩項研究使用我的E.M.P.A.T.H.Y.工具，我的研究團隊發現，當醫生改善注意力，能夠「傾聽全人」（主要擔憂）而不是只聽到口頭上的抱怨時，病患對他們的同理心評分最高。我們的研究顯示，注意表面上的問題只能解決部分問題。注意對方深深在意卻沒有說出口的議題，才能獲得彼此同理與理解的黃金經驗。

Y代表你的反應（Your Response）

當我做關於同理心的公眾演講時，我會談到「你的反應」。大部分的人會假設我指的是口語上的回應，但我不是指你接下來會說些什麼。深深的同理傾聽會導致同理反應。因為我們有共同的腦袋迴路，我們會在生理層次產生反應。當你和另一個人相處，或身在一群人之中時，你感覺如何？注意一下，這個很重要。無論你是否意識到了，你對別人的感覺會產生共鳴。無數的研究顯示，同理心有生理元素，提供人和人共享的內在經驗。

大部分的人對別人的強烈情緒會有反應，我們可以在生理上感覺到他們。心理學家稱這個現象為「投射認同」（projective identification），也就是當病患對醫生投射他們不想要的感覺，用肢體和生理訊息告訴醫生他們當時的感覺，但是沒有說出口。大部分的人沒有接受過訓練，別人表達了自己感覺的重要指標時，我們不會注意到自己的反應。當你說了和做了什麼的時候，對方會有怎樣的經驗呢？經由分享的神經網路，你對別人的感覺可能傳遞了重要資訊。想一下，最近一次學校家長會上的家長、委員會裡的一群專業同事、社區的登山隊，你聽著他們強烈且激動的發言，這個人可能想讓大家意識到學校、社區或環境面對的威脅，因而引起恐懼。現在試著調整到他們讓你產生的感覺，如果你覺得他誇大了威脅性，你可能變得坐不住、覺得討厭；如果你同意他的觀點，你可能變得更焦慮、更想要採取行動。無論如何，你的內在回應反映了這個激動的人缺乏調節的緊張，他的聽眾會產生高昂的情緒。

麻省總醫院的一項聰明研究中，研究者卡爾・馬爾席（Carl Marci）調查門診時，醫病雙方是否有生理調和（physiological concordance）的現象，以及生理調和與病人對醫生同理心的評估是否一致。生理調和指的是病人和醫生的生理現象，例如心跳、皮膚傳導——也稱為皮電反應（galvanic skin response, GSR）——會有一致的變化，而生理不調和的現象則表示醫病雙方的生理參數沒有關係。馬爾席請二十位醫生和他們的病人（醫病雙方都事先同意）彼此互動，並錄影。門診之前，每一對醫病雙方都連上了皮電測試機器，測量他們的生理反應，門診之後，病人填寫問卷，評估醫生的同理心。他使用的是標準化的可靠、有價值的同理心標度表。他發現，同理心得分最高的醫生和他的病人的生理調和度也最高。這個實驗很優雅地顯示，當一個人覺得另外一個人理解自己時，心跳和皮電都會呈現鏡像。這個研究也發現，相反亦然，醫生和病人生理不調和時，病人對醫生同理心的評分也很低。當自己的情緒沒有得到同理反應時，兩個人的生理參數不會一致。

我們在職場都看過這種例子，假設一位資格不夠的人負責訓練部屬，新的領導對自己角色覺得沒把握，可能有些不安全感，很怕別人識破她，知道她缺乏情緒上的技巧來管理團隊，她用恐懼和威嚇來展現威權，當她聽到流言說團隊不認為她可以把工作做好時，她召集團隊，對他們說話。

她告訴團隊：「大家都在說你們。他們說你們是這些年來最糟糕的團隊了！你們最好注意一下自己說了些什麼……」

團隊的反應？他們開始向領導人一樣地覺得害怕、受到迫害。團隊體驗到的「你的反應」反映了領導人的情緒狀態。這對團隊精神有害，對於參與度和效率的影響後果嚴重。

這種失敗的領導可能像傳染病一樣散布到整個組織，最後有人垮了，有人離開團隊或乾脆辭職，所謂的領導者最後也會辭職或被開除。很不幸的，當員工因為種種個人因素而必須工作時，可能長期忍受這種狀況，引起不必要的情緒掙扎，士氣降低，最後疲憊不堪。這些都是員工辭職的原因。我們必須強調，無法同理的上司所引起的情緒代價實在是太大了，生理數據也支持這一點。第十章會詳細解釋。

我們都有過類似經驗——如果能夠理解你為什麼忽然覺得不安，就會有所幫助。在這個例子裡，你的「反應」不是來自你說了什麼，而是來自你感覺如何。你的感覺可能代表了你四周其他人的感覺。你應該考慮這個現象，判斷一下你是否在正確的地方工作。瞭解到這一點，可能協助你決定開口表達自己的意見或是乾脆離職。

同理心訓練為何重要？

我和我的研究團隊，對於健康照顧產業裡同理溝通為何如此重要，感到非常有興趣。經常有人問我們：「用同理照護改善病人的就醫經驗，是否也可以改善他們的健康？」我們嘗試回答這個問題。我們的直覺答案是：「是的。」我們決定將研究專注於有系統的醫療文獻回顧與大數據分析，檢查既有的證據。我們讀了一九〇〇年以來，所有研究關係元素和改善健康的隨機控制實驗。確實，我們發現健康照護中，強健的醫病關係可以明顯改善許多狀況，有些還是現代最重要的健康問題，例如過度肥胖、關節炎、氣喘、肺炎和感冒。同時，最令人煩惱的、普遍存在的健康挑戰也可以有所改善，例如糖尿病和高血壓。檢視了關係元素之後，我們現在可以很有信心地說，醫生如何對待病人和醫生醫治疾病一樣的重要。

雖然我的研究專注於健康照護，但我學到的教訓也適用於任何職業、個人關係和人類互動。當我們停下腳步，想一下，偉大的老師、教授、企業領袖、律師、家教、導師或教練，和一般人有何不同？我們往往先想到智力。其實，我們遇到真正「偉大的人」在人際上也很有能力。一位教師可能對他的專業科目很在行，但是當她傳達出對學生的理解，甚至是被學生感動時，他們之間就形成了開放、信任、尊重的關係。我們談到教育的第七章裡，會談到同理關懷和理解如何成為學生成功的重要成分。

每個活著而且有意義地、正向地碰觸你生命的人，和你互動時都傳遞或是接收了這七個同理心的關鍵要素。當這七個元素不存在時，我們會感覺到空虛。如果我們研究這些同理線索，可能很驚訝地發現，它們在我們選擇職業和喜好以及選擇要愛誰時，扮演了某種角色。當我們帶著同理心和慈悲對待彼此或對彼此作出回應時，所有的人都將獲益。畢竟，人類的連結帶給生命美妙的樂章。

第五章

誰是自己人，誰是圈外人

一九六八年四月五日，馬丁．路德．金（Martin Luther King Jr.）在孟菲斯被殺的第二天，俄亥俄州里西威爾（Riceville）一位年輕的小學三年級老師珍．艾莉略特問她的學生，想不想知道種族歧視的感覺如何。他們都同意了，於是她開始進行如今很有名的實驗，她將班上學生依照眼睛顏色分為兩組——藍色和褐色。第一天，藍眼學生獲得比較好的待遇：午餐時可以要求更多食物、下課時間更久，以及其他福利。藍眼學生坐在教室前面，褐眼學生坐在後面。

為了更容易分辨兩組學生，褐眼學生戴上紙做的臂環。他們不能從同一個飲水器喝水，也不能和藍眼學生一起玩。老師跟他們說，藍眼學生比較優秀，褐眼學生比較劣等。一開始，所有的孩子都有點抗拒。艾莉略特漸漸說服他們，藍眼睛比較優秀。

艾莉略特跟他們說：「在這個房間裡，藍眼人比較優秀，比較乾淨，比較聰明。」

很快的，藍眼學生適應了自己的「優秀」地位，開始表現這項特質，顯得更為霸道，對褐眼同學有了殘忍的行為。褐眼學生開始有退縮的行為回應，例如下課時聚在一起，不和藍眼同學互動。連之前考試表現很好的褐眼學生，考試成績也變的比較差了。

下一週，實驗反過來。褐眼學生把臂環戴在藍眼同學身上。但是，這一次，艾莉略特注意到，現在的「優等」學生對待「劣等」學生的方式比較不那麼嚴厲。

這個實驗讓孩子看到，如果因為天生的、自己無法控制的生理特質而被分成不同圈子的人，並且因此成為優秀或劣等的人，這是如何糟糕的感覺。當孩子們親自體驗過種族歧視的正向和負向情緒之後，他們感受到了身為倍受優待的圈內人，和被歧視的圈外人是什麼滋味。這些住在愛荷華小城的小孩因此獲得了一個珍貴的教訓。

艾莉略特教孩子們歧視的感覺是什麼的同時，她也協助他們學習同理心。現在他們知道，身為圈外人，擁有某些被視為劣等的特質感覺是如何了。確實感覺很不好。

艾莉略特的種族歧視實驗讓她受到全美注意。美國國家廣播公司（ABC）拍了一個紀錄片，稱為《風暴之眼》（*Eye of the Storm*）。她在影片中重述了這個實驗，後來還上了《今夜秀》（Tonight Show Starring Johnny Carson）節目。她繼續成為新的多元訓練的創新者，經常在世界各地演講或是做類似的訓練，獲得很大的成功。直到今天，她仍然繼續進行有價值的工作，協助大家從內在瞭解歧視的基本經驗。

圈內圈外

大部分的人從未有機會參與眼睛顏色的練習，但是很多人可能曾經親自體驗過針對某種團體的歧視。我們都希望自己能夠理解圈外人被歧視的感覺，但是當我們和真正被壓制的少數團體或社會瞧不起的團體接觸時，大部分的人其實都無法真正理解。我們在圈內生活，會從我們屬於的各個團體的角度往外看世界。

我們認為，你可能對你所屬團體的圈外人較不那麼有同理心。當你和別人擁有同樣的膚色、文化、國籍、宗教、學校、團體或任何你認同的團體，你會感到熟悉的連結。你會找出這些有連結的關係，因為你的腦子經過幾世紀的演化，產生這個內建機制，這樣才會感到安全自在。

舉例來說，我們讓某人談著自己的約會經驗，並要求參與者評估這人在想些什麼。

他們對於同一個族裔的人的猜測最為準確，華裔美國人和其他華裔美國人有更接近的心理連結。墨西哥裔、非洲裔、歐洲裔美國人也是如此。研究顯示，如果彼此之間有相同的經驗、教導和價值，認知與情緒同理心都會流動得更為自然，因為會比較容易「讀懂他們」，能夠理解他們在想些什麼、感覺什麼。無論是真的部落或是觀念上的部落團體，部落觀點與喜好並不會自動傳達對圈外人的仇恨，但是會讓我們比較無法同理圈外人的痛苦。如果我們跟某個團體的人沒有個人接觸，我們也比較不會有同理心。

我們和外人缺乏接觸經驗與連結，因此對於遠處的戰爭和暴動，我們會比較難以有情緒連結。如果你在網路新聞上觀看中東戰事，但你永遠不會遇見中東來的人，你可能就不會被感動。但是如果你剛好跟敘利亞、巴勒斯坦或以色列的某個人很親近，戰爭的影像就可能會讓你很難過了。

這種分裂無止盡的存在，即使是很基本的生活細節，例如你開什麼樣的車子，都可以創造出你和別人不同的感覺。研究顯示，在四線公路上，開昂貴汽車的人比開一般汽車的人更容易切入插隊。駕駛昂貴汽車的司機也比開一般汽車的司機，在遇到人行道上的行人時更不會停車。為什麼有錢人在路上這麼危險呢？我們猜測，他們是在展現自己的財富與權力，以及他們認為自己比別人更值得擁有行車空間的內在信念。資源較少的人會覺得自己脆弱，而有錢、有地位的人比較不會。開車時，有錢的人比較不覺得違規會有危險，即使被抓到也是一樣。他們覺得自己有權讓別人面對危險，因為他們是擁有昂貴汽車的圈內人。

對圈外人的缺乏同理演變到最終，可能造成生死的差別。你可能從未想過，一個人的種族背景會影響他接受器官捐贈的機會——但是影響確實很大。我們的研究團隊調查了器官捐贈對話裡的同理溝通，發現雖然非裔美國人比其他族群有較高比例的末期腎衰竭，卻最不容易獲得健康腎臟。一部分是因為非裔美國人比較沒有接觸到器官捐贈的概念，以及找到組織符合的器官的重要性。研究也顯示，如果器官移植的整合者不屬於同樣的族裔或種族的話，要求器官捐贈的案件比較不容易獲得核可。再次的，我們看到同樣背景在連結和信任陌生人上面扮演了重要的角色。

這個現象的缺點是，當你感覺到和另一個人的連結時，你可能採取英雄行動。我的朋友薇姬·尚就是因為一連串的事件和未預期的連結，使得她有了寬大的同理心。

因為警方設了路障，薇姬必須提早離開二〇一三年的波士頓馬拉松比賽，她知道一定發生了很糟糕的事情，但是無法完全知道是怎麼一回事。後來，她站在廚房裡，看著電視上的新聞報導，恐怖分子在比賽終點放了兩個炸彈。三個人被炸死，二百六十九人受傷，而且她認識其中一位受害者。

「我看到影像，一個八歲男孩，我大叫：『等等，那是馬丁！』我拿出手機。我在兒童野外田徑隊當志工，我有二〇一二年的照片。就是他。」薇姬因為自己和八歲馬丁・理查——很不幸的，馬丁是波士頓馬拉松爆炸案中最年幼的受害者——的個人連結，而走上了個人旅程，讓我們看到同理心的力量可以如何正向地影響世界。雖然她和馬丁並不熟識，卻一直想到她和馬丁的連結，想著她能夠做些什麼，才能讓殺死和傷害這麼多人的恐怖炸彈事件有一點點好的結果。馬丁的姊姊在這次事件中也失去了一條腿。到了一月，馬丁的父母設立了馬丁・理查基金會，薇姬決定協助他們募款。馬丁在學校做過一張廣告看版，上面寫著「不要再傷害人了，和平」，看板呈現了馬丁甜美善良的個性，以及某種先見之明——想想看他最後為何喪命。

薇姬是一位很棒的馬拉松跑者，她明白自己可以運用雙腿協助基金會。她以基金會之名，跑了二〇一四年的波士頓馬拉松，之後也持續跑馬拉松，募到了六萬八千美元，讓基金會支持身心障礙兒童的運動。馬丁的父母請她參加基金會的董事會，這是她認為自己此生最大的成就之一。基金會目前已經籌募到七百多萬美金，提倡融合運動，讓每一種運動都開放給擁有任何能力的兒童參加。

這個故事讓我們看到，當悲劇事件變成個人的事，碰觸到我們的內心時，同理心的力量有多大。薇姬開始認為馬丁、他的家庭和他們的慈善任務是珍貴的「圈內團體」。有些人認為，個人同理心會讓我們遠離更宏觀的觀點與視野，薇姬的例子卻讓我們看到相反的效果。她的個人連結協助她積極參與，為馬丁·理查基金會付出，因為這個事件碰觸到了她的內心，這件事讓她的馬拉松事業有了新的意義與目標，讓她站在可以啟發其他人的位置上，當別人可能覺得無助，不知道面對類似暴力時能夠做些什麼。馬丁·理查基金會募款，在波士頓兒童博物館（Boston Children's Museum）旁邊蓋了唯一一座完全包容的遊樂場，無論孩子的能力如何，都可以在那裡玩耍。

漣漪效應

如果你往池塘裡丟個小石頭，小小的漣漪會往外一直擴散出去，圈圈離核心越來越遠。這是個簡單的類比，可以看到同理心如何從圈內人的核心往外擴散。一般人對距離越遠的團體或其成員，同理心會越薄弱。這就解釋了為什麼你很自然地會對世界彼端遭遇旱災的部落感覺較少的同理心，對於自家附近某人的水井乾涸有較多的同理心。遠近和分類不見得是地理上的距離。外圈的漣漪可能與你如何看世界，以及你認為其他人應該如何過日子有關。

在不同狀況下，你對同一個人或團體的同理心程度可能改變。我發現，尤其是人們基於道德而做決定時更是如此。例如，如果你有兩位鄰居，長得像你，生活形式也類似你的生活，你可能會認為他們兩個都是你的圈內人。但是如果你發現其中一位曾被逮捕，留有案底，你可能會立即把他劃為圈外人，因為你不信任他了。假設你也有前科案底，你可能會更快地同理他，因為你知道一旦入監過，之後的生活有多麼困難，你甚至可能跟他更親近。接下來的章節裡，我們會更完整地討論道德同理心，在討論圈內人與圈外人的時候，還是要瞭解一下道德與同理心的限制，以便看到圈子形成的脈絡。在你的圈子裡，因為道德感而跟別人保持距離，表示你對他缺乏尊敬和接納，同理心受到道德批判侵蝕了。在理想的世界裡，同理心漣漪會從一個圈子到另一個圈子之間形成重疊，構成同理連結與尊重的網路。如果有組織想傳遞仇恨、歧視與成見，會因此而遇到很大的挑戰。

對別人的同理心也會受到你自己的情緒影響，稱為「投射同理」，因為你基於自己的情緒，或是他們的故事導致你的自我中心聯想，而把自己的感覺投射到別人身上。一項最近的奧地利與瑞士研究中，研究者讓參與者受到特定視覺和觸覺刺激，然後檢查腦部被激化的區域。一組人是先看到蛆的噁心影像，一面用手摸滑滑的東西。另一組則看到小狗的可愛影像，一面撫摸柔軟的毯子。研究者發現，看過負面影像的人會對別人投射他們自己的負面情緒，認為接觸正面影像的人比實際上的感覺更為不快樂。同時，接觸正面影像的人覺得負面影像組的人比實際上的感覺更快樂。運用功能性磁振腦部造影，研究者可以看到特定腦部區域（前額皮質）的神經傳導被打斷了。這個區域通常負責校正「自我中心偏誤」（egocentric bias）。無論是受到正向或負向影像刺激，這個區域都會被打斷。

結論就是，即使是在此區域擁有足夠灰質的人，同理能力還是可以鍛鍊的。同理能力會隨著某種心態而提升或降低，你總是有機會變得更能同理或更不同理別人。你的神經結構原本就是建構成可以做出同理決定的，知道這一點之後，至少可以更進一步的補償這些被打斷的時刻了。

憑空捏造

正如艾莉略特的眼睛顏色練習清楚示範的狀況，我們很容易不知不覺地、人為地將別人視為圈外人，賦予他們負面特質，尤其是你處於有權力的位子時。人們問艾莉略特，她怎麼會想到這個實驗，她回答說：「我沒有設計這個實驗。我是跟希特勒學的。我選擇一項大家無法控制的生理特質，根據這項生理特質指定負面品質。」

我們知道「把別人視為圈外人」如何進行。雖然我們想要從歷史中學到教訓，可是人類會一直畫圈子，排斥別人，有時候，甚至在我們很親近的圈子裡也會這樣。當我們畫圈子的時候，不是在建構同理心，而是摧毀同理心。只有當我們相信，所有的人都值得尊重和同理，克服自然而然想排斥別人的傾向，我們的文明才能夠和平共處。我確實看到很有希望的跡象，遇到緊急時刻和自然災害時，同理心可以超越原有的界限。

美國人在電視上看到日本的海嘯災難時，會找到方法同理受害的民眾。海地地震後，我們在電視上看到破壞、受傷與死亡時，也展現了同樣的同理行為。流行歌手舉辦演唱會募款，政府和個人捐了幾百萬美元。颶風卡特里娜和颶風哈維在美國沿岸肆虐後，我們也看到同樣的支持。

在日常生活中，電視、網路和社交媒體都是在分裂人們，消除我們互動中的同理關鍵。例如，在迪士尼渡假中心的沙灘上，一個小男孩被鱷魚咬走的事件。各種社交媒體上大量出現對男孩父母的道德批判，許多人用選擇性的部分事實責備家長不適任。大家沒有去想像，以這麼恐怖的方式失去孩子會是怎樣的經驗，反而是很快地批判家長不負責任。事實上，報告顯示父親正坐在孩子身邊，努力想把孩子從鱷魚牙齒中搶回來。在留言中批判別人很容易，卻沒有想過，這些言辭和無知的結論有何後果。

但是我仍然保持希望。有時候，經常讓我們彼此封閉的電視和電腦也可以變成改變的媒介。當你坐在客廳，打開新聞，看到美國城市貧民窟裡，或是遙遠的敘利亞、索馬利亞或盧安達受苦的人們，或許，他們的痛苦變得更為真實，至少有些人會感到人類連結的牽引，這時，同理的元素就啟動了。或許，我們在更個人的層次，看到悲劇發生會引起很強烈的感覺，受苦的人就不再只是沒有名字或沒有面孔的人了。第八章裡，我會詳細討論數位世界提供的同理機會與限制。

碰觸自己的同理能力如此重要，原因之一就是協助你看到自己的普世人性，而不是被你的小圈子、族裔、種族或社會階級限制。當你把自己設限在小圈子裡，就否定了「所有人的生命都有其意義，我們全部人都彼此相連」的概念。最終，基於普世關懷的道德觀必須超越舊有的、基於演化動機的、喜歡部落和小圈子的腦部結構。這就是為什麼同理心不一定是直接連到道德的，有時，有限的同理心反而是不道德行動的源頭。

今日，我們不像祖先那樣，住在小部落裡面，部落與部落之間隔著好幾哩的森林、沙漠或海洋。我們住在高度連結的地球村裡，道德的進步應該協助我們拓展曾經以為的「誰屬於這個圈子」的觀念。我們現今面對的全球挑戰就是把部落從家庭拓展到團體、到地方社區、到國際社群、到普世人類。雖然現在很容易可以跟全球各地的人互動，但我們卻越來越沒機會運用同理心的七個關鍵了。

有些作者用整本書討論人類同理心的陷阱，強調大家對圈內人特別同理關懷，卻排除更廣的關懷全球痛苦的傾向。我認為這種觀點太短視了，遺傳與表觀遺傳需要很長的時間才會發揮效用，改變人類物種的大腦。經由認知與情緒元素的相互作用，大家越來越覺察到，部落式的解決方法在今天彼此依賴的世界裡不再有效。改變大腦需要時間，部落方法則導致更多戰爭、荒廢和破壞。世界領袖需要考慮到，一心為了國家利益，罔顧對於全球造成的影響，已經不是一個切實可行的選擇了。與其說同理心是受到誤導的人類能力，不如更有建設性地專注於教導大家如何拓展同理心的概念，思考誰屬於人類這個大家庭。誰有資格決定誰是圈內人、誰是圈外人呢？

川普政府決定禁止穆斯林進入美國、退出巴黎氣候協議、批評鄰近國家充滿「殺人犯和強暴犯」，引起強烈道德譴責。這就是美國人對於圈外人展現的同理心。目前的美國政府持續認為只有激進人士在抗議，責怪他們是「輸不起的輸家」，因為他們的候選人沒有選上總統而抗議。這個短視的解釋無法描述人民的憤怒，其實來自他們認為政府危險地無視其他人類，對於未來採取道德破產的觀點。多年來，我們持續拓展同理心，將圈子擴大，包含了全球的人類部族，白宮卻準備往後退好幾步，回到以前的野蠻狀態。

我們需要世界領袖都理解到，所有人都彼此連結。如果國家無法像一個部落那樣合作的話，我們的文明就會越來越野蠻。最令人苦惱的矛盾就是，川普的選舉動員了那些感到被剝奪、被遺忘的人，這些人因為新科技，有系統地失去工作，因此也失去了對於「美國夢」的信念。社會的這個重要部分需要被看見，我們需要深深地瞭解他們的文化和幾代以來定義他們生活的工作，在這個變化中的世界裡，協助他們找到方法滿足他們的需求。但是，川普政府不但沒有引導社會覺察這些工人和公民需要資源和方法，來準備未來的新式工作，而且還利用他們和其他被剝奪的族群產生對立，把自己面對的問題怪在別人身上。政府原本可以激進的號召大家，打破藩籬，讓美國夢再次成為可能，卻很悲哀地造成圈內人與圈外人的對立，壓垮了許多人的希望與夢想。他們就像之前的每一位移民到新大陸的歐洲祖先一樣，滿懷希望地來到美國，尋找生命的可能性。

同理心往往被視為人際之間重要的雙極特質。有一件事情很清楚明顯了，那就是同理心預示了重要的世代間、種族間、國際間的觀點，是我們必須大規模珍惜、保護、培育的特質。如果不超越自己的小圈子和界限，拓展同理心，現有文明將無法生存，而同理心訓練則是轉變的關鍵。

第二部分

PART II

第六章

懷著同理心成長

當嬰兒出生，第一個同理心經驗往往就是第一次被放進照顧者的手臂裡的時候。他們會懷著愛，看著彼此的眼睛，雙方的腦子裡都會出現一股「擁抱」荷爾蒙（增產素），開啟了親子連結的神經內分泌系統，種下同理連結的種子。專注凝視反映了另一個人的存在，告訴嬰兒，她存在。研究顯示，當母親或父親抱著嬰兒，親子眼睛之間的距離大約是十二公分。剛好，這就是新生兒最清晰的聚焦距離。這不是很神奇嗎？

同理心的最大練習就是成為父母。一切正常時，腦中的生物、荷爾蒙、神經傳導活動形成異常強壯的親子連結，同理心因而形成。這就是為什麼嬰兒出生時，不只是母親，父親的增產素也會增加。同理心讓父母雙方都經由共享的神經迴路，對嬰兒產生非常精細的調和現象，共享彼此的感覺、情緒和觀點。

同理心如何成長

所以，我們從一出生就在學習同理心了。嬰兒似乎很瞭解這一點。在研究中，當新生兒聽到別的嬰兒哭泣，也會開始哭泣。我們無法問他們為何哭泣，或許他們就只是討厭聽到吵雜的聲音。我們認為，直到兩歲之前，嬰兒並沒有心智理論——知道別人擁有和他一樣的思考、信念、動機和慾望。我們猜想，嬰兒會跟著別的嬰兒哭泣的原因，至少有一部分是他自己的痛苦中心被其他嬰兒的哭聲激發了，因為他們腦中的痛苦神經網路擁有彼此共享的神經迴路。自己和別人感覺的重疊，正是同理心的展現。

同理心隨著腦子一起成熟。二十世紀中期和後期，深具影響力的瑞士兒童發展專家皮亞傑（Jean Piaget）認為，八或九歲之前，兒童尚未發展換位思考的能力，因此無法表達真正的同理心。更新的研究建議，同理心更早開始發展。目前的看法是孩子一歲時，已經知道其他人也有同樣的感覺了，但是他還不夠成熟，無法恰當地作出回應。這個年紀的孩子可能看到有人受傷，覺得不安，但是並不見得知道如何協助。在虛擬的研究情況下，一位母親假裝手受傷，年紀很小的孩子會撫摸自己的手。這麼小的孩子似乎可以正確接收肢體語言、情緒和音調的同理元素，可以辨認其中的意義，但可能無法表現慈悲、協助的回應。

到了兩歲、兩歲半，幼兒開始知道別人的痛和自己的痛是分開的。兩歲時，開始展現同理心模式。我們可以看出孩子在同理心灰階上，落於何處。你會看到從高度同理到另一端更有攻擊性的行為，這一端的孩子尚無法理解自己所有感覺。有些孩子（不是全部孩子）擁有傾聽和回應的技巧，可以提供安慰。女兒兩歲時，我做了腳部手術，好幾個星期都把腳放在椅子上，她注意到我的腳在木頭椅子上，沒有用枕頭墊著，於是她拿著枕頭走過來，即使在這麼小的年紀，她就瞭解有什麼不對勁，並且試著幫助我。

幼兒園小女孩可能拿玩具安慰不開心的同學，因為她知道自己不開心的時候，可以用玩具安慰自己。她想，玩具也會讓同學開心起來。發展同理能力的時間點各有不同，我們不能期待所有的孩子在這個年紀都展現同理心。還在理解並整理自己情緒的孩子會感到挫折，甚至用攻擊，而不是協助的方式，對別人的痛苦做出反應。

如果孩子到了這個年紀沒有經常展現同理行為，還算是正常的。有些孩子看到同學不開心，自己會哭起來，可能因為他也體驗到類似的感覺了（或是曾經體驗過）。他能夠理解，卻無法做出恰當的回應。其他兒童可能沒有任何反應，並不是因為他們無法同理，而是他們尚未發展出表達情緒的工具。就像學走路和說話一樣，每個孩子發展同理心的年紀也不盡相同。

八歲是同理心的重要認知發展階段。這時，孩子有足夠的認知能力了，例如借位思考的能力，開始更完整地瞭解別人的生活狀態。例如，如果同學的母親得了癌症，孩子可能從同學的觀點理解狀況。即使兒童看到朋友在學校享受好時光，他還是能夠理解，朋友的整體生活很哀傷、不快樂，因為他的母親生病了。

到了青春期，終其一生的同理模式已經建立好了，你可以看到孩子未來會成為何種的慈悲成人。早期的角色模範，例如父母或照顧者，建構了同理心的基礎。當青少年進入年輕成人階段時，同儕、老師、書籍、電視、網路和其他因素會影響他們如何、為何和何時感到同理心和表達同理心。一旦到了青春期，大部分神經系統健康的孩子都能夠理解和運用七個同理心關鍵，並作出回應。

在每個發育階段，父母都會形塑孩子付出和接收同理心的能力。我們要再度強調，對於親職工作，從一開始，近端與遠端的同理心就都極為重要。近端同理心是立即的反應，遠端同理心則是延遲的反應。有時候，我們需要近端同理心，例如孩子跌倒受傷；有時候，家長會誤用同理心，長期下來反而會阻礙孩子的最佳發展。

讓我舉例說明，假設你的兒子沒有完成功課，他求你寫張請假條給老師，他才可以不去上學，待在家裡完成功課，你感覺到的近端同理心是你和兒子共享了沒有完成功課的壓力，現在要面對後果了。你很想說：「好吧，請病假吧。」遠端同理心讓你退後一步，問自己，長期下來，什麼才是對孩子好呢？最佳方法是協助他躲過這次的麻煩，還是讓他體驗拖延的自然後果呢？當我們在正確的時刻使用遠端同理心時，就能夠為了長遠之計，讓他得到重要人生教訓，能夠忍受孩子暫時的不適。

對某些家長而言，這是很困難的挑戰，但有時候我們需要看向未來。當你拒絕十三歲的孩子，不讓他去參加聚會，因為你確定會有人喝酒，你可能預防了他二十一歲時喝醉，做出危險的選擇。重點是，一個好家長很容易被眼前的壓力影響，忘記拒絕才是更健康的做法。

我們教導孩子同理心，對他們一生都會造成漣漪效應。幸運的，即使他們一路上不免犯些錯，也不至於從此走上歧途。最新研究顯示，在認知和情感灰階上，我們如何看待和表達同理心的因素中，基因佔了十到三五％。我們如何看待同理教訓，要視年紀、性別，以及混合了各種環境元素和經驗而定。同理價值——同理心對你有多重要——可能隨之改變，對於很多人，擁有自己的孩子是一個轉捩點，因為我們想要做孩子的好榜樣，我們會更在乎同理心。

孩子越早學到付出和接受同理心越好。當然，你還是可以一路上隨時校正，引導孩子更理解別人的感覺，永遠不嫌晚。有健康同理傾向與很強的借位思考技巧的孩子，比較容易和同儕相處愉快，在團體裡能夠好好一起玩耍，行為問題比較少，未來也會因為發展良好的人際技巧而比較容易成功，他的一生都因此而可能擁有快樂的關係。缺乏同理的孩子比較更常表達攻擊性和負面情緒，例如更常憤怒和沮喪，一般而言，比較難與別人相處。如果及早並經常讓孩子體驗同理心，孩子就有最佳機會成為善解人意的人。有些孩子非常善於感受別人的感覺，完全不需要教；有些孩子則會被別人的痛苦過度影響，應該接受自我調節技巧的訓練，並減少接觸別人的痛苦，過多的同理心也不好。

鏡子裡的孩子

父母教孩子同理心的方法之一是鏡像反映：自動反映孩子的臉部表情、說話模式與態度。孩子很小的時候，你會用自己的微笑和聲音，對沒有長牙的孩子微笑和嘰哩咕嚕，提供了自動並喜悅的反應。大部分家長非常珍惜孩子一開始想要和世界互動的嘗試，會立即對孩子做出鏡像反映，例如眼睛凝視、肢體語言和音調。嬰兒的微笑不僅僅是微笑而已，也是關於她的發現、她建構和學習新事物的努力。當你作出回應，表達欣賞和喜歡，會讓她知道，她在你眼中是特別的。

來自澳洲的美國心理分析師漢茲・科赫特（Heinz Kohut）首先發現，父母的鏡像反映對於養育健康孩子有多麼重要。他是自體心理學之父，瞭解兒童如果從出生開始，持續一生都能在父母眼中看到自己的影像，便會有更堅固的自我意識。很有趣地，在神經科學家幾十年後才發現腦部鏡像機制之前，他便稱之為鏡像移情了。簡單地說，就是兒童在照顧者的眼中，看到自己的力量、獨特和特殊。在我自己的工作中，經常看到父母一再地無法鏡像反映孩子所造成的痛苦後果，孩子會缺乏自我意識和信心。如果孩子很少體驗到自己的成功反映在父母眼中，長大後會缺乏安全感，對自己感到羞恥。當他們自己感到驕傲的時候，如果看到照顧者的忽視和缺乏興趣，他們很容易會懷疑自己的感覺，失去動機，也會不想再嘗試新事物了。

一旦瞭解鏡像反映的力量，讓我們來檢視一下缺乏鏡像反映的後果。想像一個小學一年級的孩子衝進門，喊著：「爹地，看我今天畫的圖畫！」爹地正在忙著滑手機或玩電腦，幾乎沒有轉頭。他根本沒有看孩子的圖畫，也沒有說：「噢，你把我們的狗狗畫得真好！」或用其他方法讓孩子知道，爸爸為他的圖畫感到多麼驕傲。沒有四目交接，音調平板，爸爸幾乎沒有意識到孩子的興奮。孩子的熱情和努力沒有得到鏡像反映，他可能體驗到喪氣及羞恥，他覺得自己做得很棒，但是父母卻不認為值得做出回應。

如果童年經常缺乏關愛的鏡像反映，兒童很難形成安全的依附關係。你可能已經知道，四目接觸是人際連結中的七個關鍵之一，從出生就開始影響同理心的發展。鏡像反映比四目交接更為重要。孩子渴望看到父母反映他的臉部表情、姿勢、情感和音調。他需要被聽到，並獲得適合的反應。如果缺乏溫暖和支持的鏡像反映，孩子成長時會覺得自己不值得、不安全，可能很難形成親近、信任的關係。

「父母眼中的亮光」不但是父母表現愛的重要訊號，也是在孩子腦中種下同理心種籽的重要關鍵。科赫特將這個亮光描述為「心理的氧氣」。兒童會找尋這個亮光，作為自己有價值的證據。當他們無法經常受到肯定時，他們長大後會覺得自己像個沒有填充棉花的絨毛玩具。他們沒有內化的肯定，會一直尋找肯定，想要知道自己沒有問題，希望外界會接受他。如果孩子缺乏鏡像反映，可能放棄目標，或者成為追求高度成就的人。然而，成就很難帶給他快樂。

很幸運地，多數父母不用思考，就會對孩子做出鏡像反映。就像我們無需思考就會呼吸一樣，鏡像反映通常會自然發生。和孩子同調的父母自然就會對孩子以及孩子的每一步發育進展，感到快樂與驕傲，並作出反應。但是，外在壓力可能讓父母無法好好照顧孩子，例如工作壓力或經濟壓力，都可能讓他們過於分心，無法看到每個孩子的獨特性，無法滿足孩子需要被看到、被聽到、被肯定。有生病或殘障孩子的家庭尤其困難，父母無法為其他健康的孩子提供足夠的鏡像反映。如果健康的手足在童年早期沒有建立足夠的同理心和肯定的基礎，往往就會自信低落，無法安撫自己。我們不能忽視健康手足需要額外的支持，即使他們現在看起來還好，日後還是可能出問題。

「過度鏡像」也可能導致行為不良和缺乏同理心。兒童如果因為正常的普通行為就受到過度誇讚，例如「這個噴嚏真棒！」（是的，我真的聽過一位家長對孩子這麼說），他會期待自己最小的成就都要受到誇讚肯定，無論成就多麼無足輕重。我們不應該為無足輕重的成就發出參加獎。倒不是我們要孩子像武士一樣，拼命追求高成就，而是誇獎要適可而止。

鏡像反映也要看年紀。孩子長大後，還是需要肯定和注意，但是如何肯定、多少肯定，則會隨著年紀演化。如果小時候有足夠的肯定，他們會內化自信，科赫特稱之為「內化」（transmuting internalization）。年紀漸漸大了之後，他們會仰賴自我意識的信心，瞭解世界並不會對他的每一項成就，毫無條件地做出反應，在成人生活中，如果經常為了極小的成就渴望大肆慶祝一番的話，將會令人極為疲倦，最終會覺得自己不足，因為誇讚永遠不夠。

我越來越擔憂，在現代數位時代裡，鏡像反映越來越受到忽視了，眼睛裡的亮光被螢幕上的亮光取代。父母和孩子都花太多時間面對手機、平板或電視螢幕，而不是看著彼此。有意義的四目交接和連結越來越少了，父母和孩子彼此凝視，體驗彼此的愛和欣賞，體驗催產素釋出的機會越來越少，對外在肯定的需求卻越來越大。

友誼也越來越缺乏面對面相處的時間了，我們看到霸凌、網路霸凌和騷擾（請參考第八章）都在增加。螢幕可能成為同理心的障礙，因為螢幕讓人沒有機會注意到別人如何反應和感覺。要同理別人，首先需要看著他的眼睛，注意同理心的關鍵元素，例如姿勢、臉部表情、音調，如果沒有這些資訊的輸入，就很難傾聽和作出適當回應。

同理心的模範

孩子學習（或沒有學到）同理心的另一個方式是經由示範。兒童都想要理想化某個人，一開始通常是爸爸媽媽。如果你有回應、關懷、在場，並且成為孩子的理想模範，你的孩子長大找同伴的時候，會比較可能找擁有同樣品質、用同樣的尊重方式對待他們的朋友和伴侶，他們也會用這樣的行為對待別人。

在兒童發展的各個階段，模範都非常重要，因為孩子一直在尋找生命的範本。如果家裡總有人注意到她，關心她的感覺，同理溝通就會成為她心目中的常態。傾聽與回應也是同理心的關鍵元素，受到強化之後，她學到了自己說的話和做的事是有價值的。否則，她會懷疑自己的價值，缺乏安全感。

孩子很自然地會想要正面看待自己的父母，即使父母對他不好也是如此。為什麼？因為孩子知道他們非常小而且無助。請不要忘了，如果你只有六十公分高，眼中只看得到大人的腿，在世界上行走有時候還真的很嚇人。孩子天生需要和父母建立連結，很自然地想要對父母表達感情，因為這讓他們覺得安全、受到保護。無論是好是壞，孩子從很小就都會想要模仿父母。

父母通常不是孩子唯一的榜樣。或許他們會崇拜老師或保姆、阿姨或叔叔或表姐表哥、太空人、獸醫、藝術家或大廚。我認識一個叫做哈德遜的小男孩，他們家住在消防局對面。五歲時，他很崇拜在那邊工作的消防員，每天都求著要去看他們，他的父母很開心，願意帶他去，他崇拜的對象也願意讓他坐在消防車裡，戴著消防員的帽子。他有一位朋友大衛，喜歡穿著警察制服到處跑，另一位朋友維妮莎則是整天帶著塑膠做的聽筒到學校去，假裝自己是醫生。這些孩子有如此正面的模範真是太好了。如果有英雄或孩子尊敬的人讓孩子覺得自己很特別，鼓勵他為自己認為重要的事情努力，這是非常重要的，可以協助建構健康的成長和自尊心。

壞的示範也很重要，可以教孩子不要做什麼。當然，孩子首先需要有很清楚的正向角色模範的經驗，知道好壞的區別，如果壞經驗比好經驗強的話，可能會出問題。如果大人總是不尊重他，或是不重視他，兒童長大之後，可能認為自己的想法和感覺沒有價值。

孩子也可能內化成人的負面同理習慣。我知道一位高中歷史老師會嚴重霸凌他的學生，給的功課多得不合理，經常有突然的小考。學生終於決定一起把頭趴在桌上抗議。他威脅說，每叫到名字，沒有反應就要扣一分，他先從那些他知道最在乎成績的學生。班上有些學生瞭解他的做法是不公平的、錯的，同時間，其他學生可能認知到用霸凌、惡意和操控取代同理心來獲得你要的結果，是可以接受的行為。

最後，孩子最容易內化被他們無意識之間理想化的成人正向品質。他們會適應感覺舒適熟悉的事物。這就是為什麼示範同理行為如此重要。經由理想化過程，孩子藉由學習形成她的「理想自我」。當她長大之後，父母開始老化，或是犯了錯誤，她的自我意識便已經不會再過度動搖。經由好的示範、遵守諾言、對孩子誠實並有同理心，讓她更曉得要邀請誰進入她的生命。然而，如果孩子看到她信任的成人行為不善良或不經過思考，她可能無法面對事實，承認一個可以控制他的人是個壞人。孩子的心理防衛機制會說服自己，是受害者理當被惡意對待，並開始適應同樣的行為。在心理學上，這種防衛稱為「認同攻擊者」。無論如何，你的選擇將協助形塑你的孩子最終成為哪種人。

經驗加倍

孩子發展同理心的另一個重要過程是發展友伴關係（twinship）。孩子年紀大一些之後，家庭外的人際關係開始更為重要。學會合作遊戲之前，孩子就開始享受其他人的陪伴，同儕會強化她的自我意識，並讓她覺得自己有歸屬感。

友伴的需要是普世的。她可能因為各種原因，受到某些同儕吸引。有時候，連結非常明顯：他們都喜歡看電影《星際戰爭》、馬、書籍或樂高積木。早期的同儕關係協助孩子從父母身邊發展出其他關係，覺得自己像別人一樣，她的人生經驗是有道理的。在同伴身上，她找到懂得她的看法的人，同伴能夠理解她。她可能基於共有價值和經驗，慢慢不在意早期的某些關係，發展出新的關係。五歲時一起上舞蹈課的小女孩可能變得生疏了，因為她更喜歡踢足球，而她的朋友卻開始喜歡戲劇，但是渴望友伴的經驗卻一直存在。友伴可以建立同理心，協助孩子明白，有人像她一樣，她的經驗可以被理解、可以共享。在孩子和友伴之間，可以保持誠實與脆弱，孩子心裡的羞恥感可以降低，這是個深刻的經驗，激發了雙方腦中共享的神經迴路，創造出安全感和歸屬感。當腦子意識到足夠的相似性時，孩子才可能自在地曝露出自己的脆弱。早期的彼此坦露可以建構非常強的連結，可以影響她一生的人際關係。

有些孩子會花所有的時間，試圖融入同儕，擁有好友，沒有人希望自己無法融入。每個孩子都想要被團隊選上，或是找到一個可以融入的社交團體。需要友伴的經驗會一直持續到青春期和成年。隨著年紀漸長，孩子會想要和彼此有共同之處的友伴相處，他們彼此之間共享的技巧、才華、熱情將強化他們的興趣和自我，然後創造一個環境，讓他們可以在其中茁壯，導致更強的同理能力。這是為什麼玩團體運動的孩子往往和隊友更為親近，熱衷戲劇的孩子則和戲劇朋友更親近。

如果友伴關係中沒有提供接納和理解的情緒救贖，而是提供防衛與分心的解決之道，那麼，友伴也可能出問題。如果彼此沒有互相支持，當他情緒受傷時，對方無法理解他或安慰他，那麼，這樣的友伴就可能產生讓自己麻木的行為，例如毒品和酒精。或者，如果他缺乏友伴，會試著用反社會行為填滿空虛，以遮掩自己的孤單、孤獨和圈外人的感覺。讓孩子接觸正向角色模範，以及和結交友伴的正向機會都很重要。

如果你是父母，請注意孩子進入青春期時候的友伴關係。你的孩子選擇交往與認同的友伴可以對他的人生造成深刻的影響。如果孩子沒有選擇有韌性的友伴，選擇了鼓勵他們用毒品和酒精遮掩自己情緒、用色情影片追求性刺激的友伴，而不是彼此關懷的關係，就可能出問題。他們可能冒著致命危險，使自己受傷或被殺害。

同理心岔路

幾乎所有家長都很自然地對自己的孩子有天生的、充滿催產素的同理心。但是家長在教導孩子真正同理心時，就面對挑戰了。在充滿壓力的時刻，家長會想要讓孩子短期內保持情緒快樂，而不願意為了長期的心理獲益而面對真正的同理心練習與教育。這絕對是一項精巧困難的平衡。

對孩子的支持必須很自然地與時俱進。在童年早期，生理與情緒的需要往往混在一起。嬰兒哭泣，媽媽或爸爸提供營養、換尿布，如果嬰兒覺得累了，脾氣不好，父母會哄他睡覺。傳統上，在新生兒的頭幾個星期，父母會負責大部分的照顧。確實，研究顯示，童年時父母的支持是孩子同理能力和是否能夠借位思考的主要指標。

這個很有道理，支持的父母會和孩子的需求同調。她會考慮嬰兒的觀點，試圖搞懂嬰兒為什麼哭泣，然後設法解決問題。父母雙方都可以說出飢餓、尿布溼了和想要引起注意等等的哭泣有何不同。

我猜，幾乎所有父母都讀過文章和書籍，教他們要讓嬰兒在小床上哭泣多久，才去安撫他的需求。但嬰兒哭泣的聲音刺激你的意識，沒有任何警鈴可以比得上，你的每一根神經都受到刺激了。如果父母從來不降低警覺，一直支持新生兒，持續注意，在第一時間就對每一個需求和要求作出回應的話，對嬰兒並不好。過度照顧正在發育的嬰兒，可能對他的安全感和同理能力都造成長期的負面影響，幾乎和忽視所造成的影響相當。

孩子哭了一會兒，需求才被滿足的話，可以經由理想挫折（optimal frustration）

發展出自我安慰的能力。過度關注的家長可能養育出同理心低落的孩子，因為孩子沒有機會體驗等待——等待可以建構信任，當孩子必須等待一會兒，但不是太長久——才獲得照顧的話，她學到了發展信任感，知道照顧者很快就會過來了。家長可能一聽到孩子哭喊，就心煩意亂地失去做理性決定的能力。我們根本不可能每次聽到哭，就立即反應，除非你從不洗澡或上廁所，或沒有其他孩子也非常需要你。嬰兒可以等幾分鐘才獲得照顧，他們不會因此受到傷害。

我認為成人缺乏能力，無法教孩子理想挫折是一種誤導的同理行為。這代表父母無法容忍孩子一點點的不快樂，如果孩子擦傷了膝蓋，或和朋友打了一架，而你剛好在場可以安慰她，那麼，她就確實需要同理關懷。但是如果是因為你買錯了紙巾的顏色，你對孩子道歉，她卻大發脾氣的話——這就是父母的同理心脫軌了。我有一位個案，試圖把破碎的洋芋片黏回去，因為她的女兒氣到臉色發紫了。如果你為了安撫生氣的孩子而忙著黏零食的話，我可以保證，你正在教導孩子的絕對不是健康的同理心。這是純粹的情感同理、情緒同理，缺乏認知同理和思考同理，傳遞的訊息是：她不應該忍受人生中任何一絲絲失望。

如果你無法理解總是答應孩子的要求，對孩子並不好的話，你就是在誤用同理心了。你的目標不是創造無止盡的快樂經驗，而是教孩子如何享受快樂時光，並知道如何面對人生的挑戰。正如有些人很無知的以為婚姻就是一場「長久的約會」，除了玫瑰花與浪漫之外，就沒有其他了，而有些家長會誤以為自己的工作是確保孩子永遠快樂。人生本來就不可能永遠順遂，不愉快的時刻可能教會孩子膽量、堅持和韌性。

很多父母不瞭解，理想挫折幫助孩子建構韌性和信任，讓孩子瞭解「即使我現在沒有得到我要的東西，經由信任、堅持或努力，我的需求最終會獲得滿足」。逐漸學到這一點的嬰兒會自己入睡，尿布溼了不會馬上過度吵鬧。幼兒在店裡要你買玩具，被你拒絕的時候，她不至於情緒崩潰，成年之後，她會知道，她必須花時間和努力才能升等。

我有時候和伴侶一起工作，他們身為父母，無法忍受孩子不快樂，這些父母需要同理心的自我調節能力。同理心的陷阱之一就是和孩子共享的神經迴路非常強有力，他的每一個失望都造成你的情緒壓力。當你的孩子哭泣，你自己也變得情緒非常不好，你的前額皮質（負責理性思考）變得無效，你的回應完全根據情緒，這時就需要退後一步來重新評估了。

我希望家長從此章學到的一部分是，當他們發現自己總是滿足孩子的每一次無理取鬧，心裡知道這樣不對的時候，能夠暫停一下，花些時間思考，他們是在對誰的需要做出回應呢？這對孩子是好的嗎？還是想結束彼此之間為了孩子要的東西而產生的爭吵？無論是為了自己，還是為了孩子，家長都必須找出方法，學到如何忍受孩子的失望。想要養育一個有同理心的孩子嗎？不要再誤用同理心了。儘早開始教她如何自己睡著，讓她信任你，知道如果她真的需要你，你會在那裡。

餵食也是一樣，我認識一些父母（我相信你也認識一些）會為了家裡的每一個孩子準備他特定的晚餐。孩子的每一項食物要求都得到滿足，完全無視營養均衡的飲食原則。孩子學到的是什麼呢？還有，幫家裡每一個成員準備不同餐點所耗費的時間呢？長久下來，負責準備餐點的父母一定會感到怨懟。後果可能後來才出現，年輕成人可能覺得挫折、不快樂、不安全，因為世界上其他的人不會立即滿足他們的每一個慾望。當然，這不是你要的結果，但是因為誤用的同理心，這確實可能發生。

我認識的一位生意人，珍，告訴我一個故事，她的一位年輕雇員叫做大衛，顯然，大衛覺得自己可以負起更大的責任，或許應該升遷了，他沒有直接跟珍談，而是請他父親打電話給珍。她和這位父親進行了一次很怪異的對話，她從未見過這位住在幾百哩外的父親，他告訴珍，他的二十六歲兒子比坐在走廊幾百呎遠的另一位員工更能夠處理事情。

這是一個極端的例子，家長還沒有放下過去的管理角色，也是一個最糟糕的誤用同理心的例子。這種關係會讓孩子失能，永遠無法像成人一樣執行功能。大衛小時候，父親可能教他，一切都應該如他所願，否則，爸爸會出面干預，並提供立即的滿足。理想挫折去哪兒了？認真工作、獨立自主、在世界上靠著自己有所成就呢？父親直接插手和兒子的老闆談話，要求為兒子升遷，這並非這個世界運作的方式。

我看過很多家長在孩子邁入成年時，想要維持權力與控制。這些家長覺得，需要強調只有自己才知道什麼對孩子最好。當孩子成年時，無法肯定孩子已經成年。你必須支持孩子，但是也必須優雅地允許孩子犯自己的錯誤。如果你一直保持獨裁，你永遠是專家，孩子永遠是孩子，當孩子成年時，你可能無法享受和孩子形成真正的成年關係，他們也永遠無法看到自己成為有建設性的成人。

在某個時刻，家長可能需要學會說：「我警告過你這種情況了，現在我要放手不管了，讓人生教你一課吧。」練習和教導同理心時，你越是在孩子小時候鼓勵他同理，讓理想挫折教他們什麼是令人滿足的期待，他們成年時越能為自己發聲。你這樣做，就已經是在幫助他們建立自信，鼓勵他們冒險，啟發他們嚮往追求成就了。如果你創造一個環境，他們可以在裡面伸展自己，成為自己的理想自我，當你的孩子長大，你變老的時候，他們就可能選擇與你保持連結，到了老年，有時候最有意義的關係來自孩子。他們目擊了你的生命循環，看到你能夠面對、享受和適應人生的諸多變化。

過度強調的相反當然就是忽視，忽視對學業的影響極為重要。一項研究顯示，被忽視的孩子比其他孩子的學業表現差、分數低，也更有可能被退學、懲戒和降級重讀。有趣的是，有時候，適量的忽視可以讓孩子有動機獲得更棒的成就。他們可能做偉大的事情，不斷獲得成就，以試圖在世界上獲得更多注目。但是，雖然很有成就，他們往往感到空虛，因為他們缺乏別人對他的同理理解。他們可能外在有很多成就，但是內在卻是痛苦的，因為他們沒有獲得鏡像反映或肯定。童年受到忽視的成人非常容易如此，在他們的個人關係中非常希望得到肯定和同理心，但是如果他們的自我價值缺乏鏡像反映，就很難表現自己比較脆弱的一面。

大量的、全面的忽視就是完全不同的故事了，這種家庭的孩子很難獲得自我價值的感覺。在自戀或施虐的家長養大的孩子，成年之後很少會想和這位家長有任何關係。我在臨床工作中，一再地聽到成年孩子說：「他們以前不管我，現在我也不想理他們。」這些成人中，很多因為自己不願意探望父母而有罪惡感。我們可以打破這個循環，只要家長為孩子的一生提供同理心、支持與理解，孩子成年後幾乎會願意和父母保持連結。

有些家長相信，給孩子禮物、很棒的渡假以及其他物質享受就可以了，但是這些物質享受無法取代父母看見孩子真正的模樣。「接受你的孩子」會為之後的成年親子關係鋪路。同理你的孩子，一定會促成之後的彼此同理。好消息是，真正有韌性的孩子可以找到模範，協助他們在世界上成為有效的人，他們會學習模仿並尊敬能夠付出和接受同理行為的成人。這一點很重要，這解釋了為何有些孩子在原生家庭沒有獲得強而有力的支持，卻還是能夠成為領袖人物，既強壯又正直，只因為世界上有某個人曾經願意插手，看見了孩子的潛力。

「夠好」可能就夠了

親職不只是教導同理心，也是測試你自己的同理心。當孩子把你的同理心逼得要崩潰了，你需要記住，再困難的孩子心裡，都是一個渴望被愛、被理解的人。表現同理心的最佳辦法就是運用同理心關鍵：傾聽。這是很少被用到的同理關鍵元素。孩子說話的時候，注意聽，你可能不同意孩子說的話——或許他說的全是胡說八道。但是讓他說完，如果你能夠只是傾聽，不批評，你就會看到孩子生活的另一面，並強化了彼此之間開放的對話。

當孩子經過愛爭辯、鬥嘴、有祕密瞞著你的階段時，身為父母的你可能很難同理他，但是這時候的他可能最需要父母的同理。青春期時，孩子常常尋求更多的獨立，或許你還記得自己青春期時，荷爾蒙亂竄、社交壓力和學業壓力都很大，而感到混亂。在這個階段，孩子可能抗拒父母的鏡像行為，因為抗拒，很多父母會不再做鏡像反映，然而，這樣是錯誤的。

適當的時候，你總是可以為任何年紀的孩子提供「眼中的亮光」，人類永遠會需要父母的肯定。當孩子發展技巧，建立自信和能力，他們還是需要父母注意他們、鼓勵他們並鏡像表現出父母的興奮。往往在最困難的時候，孩子最重要父母的同理心。如果你的孩子變成自我中心、易怒、不尊重人的怪物（至少有些時候會是如此），試著記得他們還是需要你。我看過許多混亂的家庭，家長雖然需要對孩子慈悲，但是無法對乖戾並不斷測試父母限度——當然要考慮到年紀的因素——的孩子產生慈悲心。當家長試圖繼續當孩子的管理者，而不是變成顧問的時候，這種狀況最常發生。如果孩子參與非常危險的行為，父母當然必須介入。但是家長無需對孩子說的或做的一切事情都要表示意見，或是不贊同。要瞭解，童年——尤其是開始進入成年時——充滿轉變和混亂的情緒，家長最好一直在場支持，當孩子最需要你的時候，能夠提供建議。

親職工作非常困難，從來就沒有任何人能夠做得完美，你也不會，沒關係，你只要盡力就夠了。不要以完美當作目標，你只需要當一位「夠好」的家長，讓正向的互動多於負面的互動。心理學家芭芭拉・佛德列克森（Barbara Frederickson）的研究顯示，父母對孩子說的話裡面，如果正向語言與負向言語有三比一的比例，就可以預測強健的親子關係。如果比例高達五比一，就可以預測非常棒的關係。如果你把目標設定在三比一，將來在混亂的青春期歲月裡，你可能獲得更多的寧靜。孩子成年後，則會擁有成熟關愛的親子關係。如果你成功了，你養育的孩子將成為你很樂意相處的朋友，他將與你分享餘生的每一個階段。

第七章

教育中的同理心ＡＢＣ

華盛頓州瓦拉瓦拉（Walla Walla）的林肯高中（Lincoln High School）被當成垃圾場，接收了全區失敗、麻煩、暴力的孩子。但是在短短一年中，校長吉姆·史波里德戲劇性地完全翻轉了學校的未來。

史波里德指示教師與行政人員，盡量減少懲罰，用善意和瞭解來對待學生。學生糟糕的選擇和不合宜的行為還是會有後果，但是現在的第一線回應不再是停學或課後留校，而是提供協助。考試不及格、翹課、惹麻煩的學生得到的「懲罰」是自習課、輔導和支持性的服務。

結果驚人。第一年，開除的人數少了幾乎六五％，懲戒報告少了一半。停學的處置降低了幾乎八五％。到了第四年，完全沒有停學的處置，開除的人數也很少了。考試結果、成績和畢業的比例都開始往上升。

史波里德瞭解，林肯高中的學生沒有穩定支持的家庭。八〇%以上的學生來自經濟不利的家庭背景，超過四分之一的學生根本沒有家。很多學生必須每天面對暴力、毒品或酒精上癮、破碎的社會結構。從他的研究，史波里德知道，這些長期壓力對發育中的腦部造成傷害，尤其是負責執行功能的腦部區域，例如負責推理、計畫、排列優先順序的區域。懲罰不良行為只會讓事態惡化，讓已經瀕臨崩潰的孩子受到更多創傷。

拷問和羞辱

紀錄片《紙老虎》（*Paper Tigers*）中呈現的林肯高中是一個好例子，當教育和學習中有同理心時，可以造成巨大的差異。你可以試著把數據塞進學生的腦子裡，但是知識需要同理心，才能真的著根生長。在認知上，教師必須能夠採用學生的觀點，並擁有心智理論的能力，才能瞭解學生的想法和動機。在情緒上，每天早上學生走進教室之前，教師必須瞭解學生每天面對的是什麼，他們對自己生命中發生的一切感覺如何。如果沒有對學生的同理心，你就可能在浪費大家的時間，包括你自己的時間。

在教育界的朋友跟我說，如果學生不知道答案，或是沒有做功課，現在還是經常有教師會讓學生難堪，想要在同學面前羞辱他。他們在教室裡嘲笑學生，單獨點名他，快速地提出問題，使得學生根本來不及回答。教育界熟知的「拷問與羞辱」技巧往往讓學生感到受辱、尷尬、焦慮。使用這種技巧的老師不見得都很冷血，他們可能真的相信羞恥是最佳動機。我尊重他們，但是我不同意，而且有研究支持我的看法。

基於經驗的研究強烈建議，情緒會影響學習效果。有正向情緒的學生（快樂、放鬆）比較容易專注於大的重點，在需要記憶的任務上表現較佳。情緒不好（焦慮、有壓力）的學生會專注在細節上，無法妥善地以新的方式運用知識。研究顯示，好情緒和好的問題解決有關，也和創意思考有關，壞情緒則會關閉腦子，增加缺乏彈性的思考。學生因為不知道答案，在全班面前受到羞辱之後，或許可以記住答案，但是更可能忘記那一課的所有內容，無法將知識轉移運用到新的狀況中，只會記得自己感受到的羞辱。

我想，我們可以同意，即使學生確實犯了錯，但是被吼罵、逐出班級，比受到尊重的對待更容易讓學生感到憤怒。更糟糕的是，負面的記憶會像魔鬼氈似的黏在腦中，學生會記得壞的教育經驗，也會長期不斷的重新回憶起。從神經科學的觀點看，肯定的糾正更有道理。尊重的對待和鼓勵會刺激腦部，製造多巴胺及其他與快樂和滿足有關的神經化學物質來提倡最佳學習。

很明顯的，教育不可能全是金色小星星和拍拍頭。教育需要懲戒，就像親職和社會需要懲戒一樣。但是，為了管理學生行為，一有小錯就懲罰的政策，以及其他嚴厲處分，都會讓學習環境窒息，讓學生變得憤世嫉俗。短期內可能解決行為問題，但是長期下來，會在老師與學生的關係裡製造恐懼與憤恨。如果不給學生機會練習有建設性的行為，就等於是強化了不良行為。一項澳洲研究發現，經常被停學[2]的學生比一般學生更可能有反社會行為或犯罪，比例高達五倍。

影響社會腦

當然，同理教學若要有效，不只需要獎勵和懲戒而已。教師的借位思考能力——從學生的角度看世界的能力——對學習也很重要。我們知道，孩子的腦部並不是成人腦部的縮小版。神經科學家目前認為，青春期的腦部灰質還在發育之中，直到大約二十五歲才完全成熟。這表示，所有就學階段，孩子的腦子都一直在起伏、形塑、鍛造、適應新的刺激。腦子不是長得更大，而是在基礎學習能力上形成更強的連結。腦子在情緒和執行功能上的發育比較慢，例如理解、做決定和自我控制。

在任何年紀，腦中負責社會化和關係的區域都是活躍的，但是在年輕或還在演化中的腦子裡，這些區域特別忙碌。到了國中的年紀，同儕關係比一切都更為重要，成人往往被視為無聊、什麼都不知道的傢伙。研究顯示，休息時，大部分孩子都在想社交關係。他們的腦子很自然地會想著誰跟誰是好朋友、誰在說誰怎樣怎樣、朋友如何看待他、自己會被同儕視為圈內人還是圈外人。

家長都知道這個充滿情緒的發展階段，研究者和老師也知道，還有許多觀察文獻的相關紀錄。例如，洛杉磯加州大學（UCLA）的研究團隊檢視了許多文獻，比較了死記硬背的方法和基於社會動機的學習方法。其中一項研究將參與者連上功能性磁振造影腦部掃描的機器，讓他們讀幾段文字，描述一個新的電視節目的發想概念。然後要求他

2　譯註：美國學校經常使用的懲戒方法，就是禁止學生來校上課，時間長度不一，從一天到數星期都有可能。

們用剛剛看到的故事概念，假裝對老闆提出試播影集的方案。研究者觀察參與者在提出方案之前和之後，腦部何處發亮，因此發現腦部社會中心裡，稱為心理化影像網路（mentalizing network）的神經區域有很高度的活動。

心理化影像和心智理論同義，就是想像其他人的思想、感覺、動機和慾望的能力。這個研究結果的驚人之處在於給參與者的資訊——電視試播節目的描述——對參與者個人並不重要，就只是拿到的一份資料而已。但是，腦部掃描顯示，參與者將故事概念放在容易準確存取的腦部區域，很可能是因為他們知道等一下需要對另一個人清楚解釋。這個腦部區域也就是認知同理技巧的區域。另外的研究要求參與者記住內容，之後會考試。參與者會將資訊儲存在完全不同的，另一個負責死記硬背的區域。

即使我們知道年輕的腦子是受到社會化驅動，傳統的課堂學習卻常專注於另一個部分的腦子，負責記憶的部分。對我而言，這表示錯失了機會，沒有將課程內容用關係脈絡呈現，沒有讓學生用已經高度社會化的腦部區域吸收資訊。根據美國教育統計中心，典型的美國學生到達十八歲時，已經參與了將近兩萬小時的課堂學習。這個數字在有些國家還更高。全球教育家似乎都認為兒童的教育應該以記憶背誦為核心，但是研究卻顯示孩子只能記住小部分在課堂學習的內容。毫無疑問，我們在教育上需要走新的路。

有一些受到啟發的教育方法，會利用腦子的社會化傾向，其中之一稱為計畫學習（Project Based Learning, PBL），於二十世紀後期開始受到重視，雖然背後的教育理念：「做中學」，可以遠溯到亞里斯多德和蘇格拉底的時代，早期的提倡者包括義大利教育家蒙特梭利（Maria Montessori）、有名的發展心理學家皮亞傑（Jean Piaget）和二十世界教育理論家杜威（John Dewey）。如果你年紀夠大，可能還記得在發明電腦之前，圖書館都是用杜威發明的十進位圖書分類法。

計畫學習的概念就是，人（尤其是兒童）是靠著提出問題、思考、和別人互動來學習的。其核心思想就是：你可以靠著解決問題的練習以及團體計畫來解決真實世界的謎題。學生經由合作、提問和創造來學習。他們超越了重複、記憶和反芻，發展批判性思考和溝通技巧，協助他們面對學校和學校外面一直出現的挑戰。研究顯示，計畫學習以及類似的教育風格可以提升學科記憶，改善學生的學習態度。這些方法似乎可以讓學生準備好，更深入地學習，擁有更高層次的思考技巧，以及和自己、和別人相處的技巧。

談到練習人際關係技巧，就不能不體認到，同理心和共有的心智在這種學習中扮演的重要角色了。

我很高興地說，成人教育也開始重視體驗學習的模式了。我很幸運地上過伊莉莎白．阿姆斯壯（Elizabeth Armstrong）設計的體驗課程。阿姆斯壯是哈佛梅西學院（Harvard Macy Institute）主任，在教育和最新的醫學提供創新的醫師領導力課程。幾十年前，已故且深具影響力的哈佛醫學院院長丹尼爾．托斯森（Dr. Daniel Tosteson）雇用了教育專家阿姆斯壯，協助他將學校課程改頭換面，變成以個案為中心的學習方式。他們相信，傳統的教學方法只是讓學生不斷反復吞嚥資訊，無法讓學生擁有解決真實病人問題的心智技巧。他們的目標是改變醫學教育的基礎，瞭解醫學和好的病患照顧需要終身學習的技巧，因此引進以問題為基礎、更自主的學習方式。這個創新的做法引導了許多其他醫學機構跟著改變，至今仍是醫學教育的核心。

我最近和阿姆斯壯談話，她告訴我，她堅決相信，死記硬背的學習就像恐龍一樣過時了。她說：「在這個世紀，我認為人們學習去探索更重要，而不是倚賴分類與記憶。他們需要有動機提出問題，解決問題。記憶與反芻大量資訊並不一定會訓練出最棒的、情緒最調和的學生。未來的醫療專業將更為運用人工智慧與大數據。我們會需要醫生學習如何運用這些資訊。」

許多課堂都在教授一系列的標準做法，阿姆斯壯則鼓勵學生專注強調真實的病患個案、團隊合作、持續拓展知識。我很愛個案研究，因為可以讓學生在實際的狀況中，以我無法想像的方式運用所知。學生需要以全人的方式想像病人，將病人想成真實存在的人，包括他們面對的社會及情緒挑戰，而不僅僅是一堆細胞和疾病的組合。我可以看到，當學生將病人視為一個真實的人的時候，自然就會有更多的同理心與更多的瞭解了。

課堂中的 E.M.P.A.T.H.Y.

教學中若是缺乏同理心，教師往往只會重視學生學業表現與可以度量的成就，不會真正思考為何學生會有這樣的成績。只專注在心智表現，而不思考影響學習的情緒元素，會讓我們都沒有機會真正啟發學生或理解為何有些學生會落後了。在我的工作中，我們稱之為「主要抱怨」和「主要關懷」的差別。主要抱怨可能是某個學生成績很差；

主要關懷則是學生表現不佳的原因。以同理心七個關鍵來看，就是「H」：傾聽全人。

或許，在我知道的學校之中，把這個概念確實執行出來的最佳例子之一就是天啟學校（Epiphany School）。我的朋友卡洛琳．阿柏尼西和她的女兒法蘭妮．阿柏尼西．阿姆斯壯在那裡工作。天啟學校是一所初中，座落於波士頓郊外的貧窮社區，學生包括五年級到八年級，學校創建於一九九七年，目標是確定經濟和社會條件有限的孩子可以發揮潛力。

從很早期，學校就發現，如果他們要孩子好好學習，就必須提供學生三餐。這可能看起來不像重視學業的教育機構會有的典型結論，但是卡洛琳和法蘭妮做了家訪，看到許多家庭沒有足夠金錢買食物，更別提健康的營養了。她們不需要研究，就知道學生空著肚子坐在課堂裡是無法學習的。學校現在很早就開門，提供健康早餐。學校有從嬰兒到幼稚園的設施，一直到中學，都是整天上學，由學校提供中餐與晚餐。

純粹從學業表現來看，這個學校對孩子的全人照顧非常成功。天啟學校的學生一開始上學的時候，往往落後至少一整個學年的進度，但是到了八年級，卻領先了兩三個學年。全美經濟能力屬於最低二五％的家庭的孩子中，只有八．三％大學畢業，但是天啟學校的畢業生卻有六〇%大學畢業。最令人印象深刻的是天啟學校校友大學畢業之後會回來教書，學校在教育上所作的投資已經開始獲得循環式的利息了。

法蘭妮認為，餵養飢餓的孩子和表達同理心，以及學校的成功有直接相關。她說：「如果當學生沒有做功課，我們只說：『沒關係。』的話，我們不覺得這是同理心。我們會找出他沒寫功課的原因。如果是因為家裡沒有食物，他很餓，才沒有寫功課的話，我們就直接處理飢餓的問題。這才是在兒童教育上表達同理心。」

我同意。這就直接聯結到為何「傾聽全人」對教育如此重要了，我們不能僅僅將每一個學生視為填裝知識的空桶子。學校不是只教數學、英文和科學，學校需要教育孩子。天啟學校的做法考慮到孩子的家庭生活，提供我們大部分人忽視的結構。這不只是給他們吃早餐而已，許多孩子沒有能啟發他、讓他願意好好表現的家長或照顧者。學校也增加學生的在校時間，讓學生在學校做完功課，因為家裡可能沒有人提供足夠的資源結構，讓他可以完成功課。

天啟學校位於麻省多切斯特（Dorchester），不遠處是一家新的非營利連鎖雜貨商，叫做日常餐桌（Daily Table）。他們販賣低價位的健康食物。這是另一種同理教育的形式。創建者道格．羅區（Doug Rauch）以前是商喬（Trader Joe's）連鎖超市的總裁。他觀察到：「大部分提供食物給經濟弱勢的計畫缺乏有尊嚴的選擇。經濟弱勢者需要覺得自己有能力供養家庭，包括學習準備健康的食物。」

食物上的缺乏安全感影響六分之一的美國人，包括一千七百萬兒童得不到他們需要的食物。道格瞭解健康飲食習慣帶來的重要健康益處。這是新的趨勢，稱為「上游醫療」（upstream medicine），重點在預防疾病，而不是治療疾病。

健康飲食習慣可以減少低收入戶特別常見的糖尿病、過度肥胖、高血壓和其他健康問題。道格的教學團隊不但在乎顧客買了什麼食物，也在乎顧客學會如何烹飪食物。一位顧客很驕傲地說：「自從我在這裡採買以來，我已經減掉七十五磅體重，而且也不用再吃糖尿病的藥物了！」

至於課堂經驗，我們看到其他的同理心關鍵也可以創造能夠刺激學生的學習環境，而且更為直接。好老師用這些關鍵活化教材，使教材更有趣。即便是最前衛的課綱，如果缺乏同理心七個關鍵要素，都會行不通。缺乏同理心的老師比較自我中心，大部分時間都在講述知識。有同理心的老師會經由學生的視角傳遞知識，會注意到學生的心智狀況和情緒。

無論教哪一科，或是教誰，最好的老師都會和學生四目交接，善於觀察面部表情、姿勢和肢體語言。他們如果看到課堂裡都是皺著眉頭、瞇著眼睛的學生，就會知道學生可能感到困惑。如果學生在椅子裡癱坐著，一臉茫然，他們就知道學生無聊了、不在乎了。

從學生的角度看，如果老師一直說個不停，根本沒有變化，就像看著油漆變乾一樣的無聊。研究顯示，學生光是根據老師說話的音調，十五秒內就會決定這是不是一位好老師。注意學生反應的老師會知道如何活化情感，或改變課程教學方式，讓課程顯得重要。曾經有一位老師，知道孩子並不喜歡上數學課，於是運用日常生活的例子教學，例如找出花園裡花朵的數目，以此算出開根號是多少，或是用我們的名字當作變數。這麼多年過去了，我還記得如何平衡公式！

如果你很熱情，真心在乎學生的學習，我認為這就是同理關懷的表達，是你能夠帶給學生的禮物。老師的全心投入也會啟發學生的全心投入。當我教學或演講時，我會把它當作個人挑戰，努力讓學生保持興趣與參與。在比較小、比較親近的演講中，我會刻意注意每一個學生眼睛的顏色，幫助我多凝視他們一會兒，盡量用名字稱呼他們。我經常掃視教室，評估臉部表情和肢體語言，確定學生都還在注意聽。我也會花時間進行討論，課堂裡不是只有我一個人說話。我很歡迎有這樣的傾聽機會，讓學生有機會表達意見、提出問題。

教育的未來

正當教育家逐漸甦醒，瞭解體驗教學的價值，同時也有相反方向的見解，開始強調數位學習。很嘲諷的是，網路教學缺乏人與人的關係，消除了師生之間的同理心關鍵要素。

Coursera、edX和Canvas Network提供了大量的網路課程，通常稱之為MOOCS。這種形式的教育在二十一世紀初始的時候開始風行，目前全球超過七百家大學都有免費或便宜的網路課程，包括極為優秀的大學，例如哈佛、牛津和普林斯頓。幾乎有六千萬名學生參與網路課程，有些課程甚至吸引了成千上百的學生。

開放課程讓大家都有機會學習。這些課程很有展望，為幾百萬人提供機會，這些人之前可能沒有機會跟著世界頂級專家學習。如果一個人有高度的動機，能夠自我驅策，網路課程可以協助他發展新事業，改變生命。

但是這裡有個問題。大部分學生會無法好好完成網路課程。雖然有好幾百萬人在Coursera 註冊上課，公司與合作的大學僅僅發出了二十八萬份結業證書。一般而言，MOOCS 的完成率只有十五%。哈佛和麻省理工學院的網路課程完成率則只有五．五%。

為何如此？很多專家不是都預言數位學習即將取代面對面學習嗎？

這一點也不令人驚訝，調查顯示大家寧可親自上課。有些學生不太會用電腦，很難網路上課，遇到技術問題時不知道如何解決。其他人則無法好好管理自己的時間，或是無法一直保持學習動機。最大的抱怨是什麼呢？大家還是想念和教師互動。他們覺得親自上課比較有意思，可以提問，或直接從老師或同學那裡聽到一些鼓勵。網路學習缺乏同理心七大關鍵要素，就只是盯著不會說話的螢幕。

但是我對網路學習還是抱著希望，我不認為網路學習比較糟糕。首先，自己訂定學習速度的選擇有其優點，可以讓學習者用適合自己的時間學習，不用擔心丟臉。第二，我認為我們可以很容易在數位學習中加入個人元素。我的同理心公司就在網路上提供部分課程。是的，我們教的是同理心！

許多網路教育公司很有智慧地退後一步，重新考慮如何將人性元素放進網路課程經驗中，他們發明了「混合式」解決方案，結合網路和真實生活的人際互動元素。在同理心公司，我們的網路課程充滿錄影教材，我們也提供學習社群的直播工作坊，深化教材，並提供特定學生個體化學習。有些平台還有外加的會議對話、錄影對話和討論版，學生雖然無法直接和教授對談，卻可以在網路的聊天室彼此對話討論。

我最近和一位女士聊天，她上了一門網路寫作課，老師開了討論室，為超過兩萬名學生進行視訊會議。其中一次，老師選了她的文章朗讀，誇獎說，這是他近幾年來讀過最好的文章。這位學生感到非常驕傲，覺得受到肯定。她覺得這是她在學習上得到的大禮，讓她充滿信心，開始追求寫作事業，現在也已經發展得很好了。雖然老師只朗讀了一篇文章，但是對其他學生也有教育意義。他讓學生看見，他確實有在傾聽，他們不只是沒有面孔、沒有名字的一群學生而已。我無法證明，但是我猜，肯定了一位學生的作品，可能也同時鼓勵了其他學生，更努力寫作，希望獲得肯定。

在我們的同理心課程中，我們也運用相似的方法，但是我們做得更進一步。我們有一群專家，親自訓練其他醫院與診所的「訓練師」，讓我們精準校正網路課程，無論學生是外科醫生、家庭醫生、急診室護士或第一線行政人員，都更貼近學生的個別需求。有些教材是普世的，在網路上就可以學習。有些教材則需要老師和學生四目交接，情緒上有了共鳴才能教。混合式教學可能是最理想的形式了，我認為數位化教學若要取得長期的成功，勢必得走這條路。

有同理心的畢業生：ABC

截至目前為止，我們討論了如何創造同理的學習環境。那麼，創造有同理心的學生呢？

以同理心對待的學生自然更容易表現同理心和慈悲心。如果他們的老師擁有很強的社會與情緒智慧能力，他們就更有機會發展很強的社會與情緒智慧的能力。想一下，到了五歲的時候，孩子每天花六到七小時，甚至更多時間在學校，他們的教育經驗對他們的同理傾向有巨大的影響。除了家長和同儕之外，學校也是教孩子認知和情緒同理的主要角色。你在第一章讀到的同理心ABC，指的是學生需要學習如何（A）辨認自己的情緒和別人的情緒，（B）情緒激動時，要會深呼吸，（C）當他們不瞭解別人的反應時，要發展好奇心，以獲得更多的理解和消除差異的機會。

我遇過的事業成功人士之中，絕大多數的人都有喚醒他們的老師，讓他們看到自己內在潛力，或是明白自己很擅長做某件事情。很多人遇過這種老師，協助我們在人生旅程上成為我們想要成為的人。你呢？你有沒有一位或多於一位的老師，對你展現同理心呢？他有沒有努力和你連結？老師在乎我們，因此我們會記得他們。他們不只在乎我們在他的課堂中表現的成績，許多好老師也在乎我們的整個生活。他們協助我們看到更廣大的視野，認為我們的未來有展望。花點時間，想一想你的人生都在做什麼，試著想起可能影響了你走上這條路，或是協助你發掘你這一生應該做什麼的老師。這就是同理教學的力量，同理教學讓我們的人生充滿目標和意義，幾乎沒有什麼比這個更重要了。

我喜歡以紐澤西州丹維爾（Denville）的這個課室為例。他們公開教導同理心的概念：老師教國中生玩一種數位虛擬遊戲，每一位玩家都有一個角色名字，還有角色的歷史。他們可能是試圖跨越美國邊界的移工，或是試圖阻止非法移民的邊界巡邏警察。移工要累積物資，計畫路線，要經過危險的亞利桑納沙漠。領隊往往很善變，有時會搶劫移工，或丟下他們不管。如果有人生病或受傷，他們必須作出困難的決定：要帶著他走，或把他留下來？同時，扮演邊境巡警的人追蹤非法移工，不但要阻止他們越過邊界，有時還要提供救護和收屍。

在移工這一邊，虛擬遊戲強迫學生思考，身為傳統上被視為圈外人的角色，絕望地試圖展開新生活。根據真實情境，移工只是試圖生存，換個地方過更好的生活，另一邊，學生也瞭解邊境巡警的觀點。他們的目標是保護國家不受非法移民入侵，同時也要對他們驅逐的人提供醫藥協助與支持。這些情況將會測試成人的同理心與理解。

學生必須從雙方的觀點思考事情，說出想要有機會過更好生活的移工心情，同時也考慮到邊境巡警的困境，他們不能讓更多人進入美國，因為社會無法照顧到這麼多非法移民。當危機發生，學生必須想出有創意的解決辦法。非黑即白的思考有其危險，可能產生最容易也最有問題的解決方法。非黑即白的思維缺乏細節、幽微之處，也缺乏漸進式的解決之道，無法同時考量人道關懷，又確保國家不會變得過度擁擠。請學生用這種方式考慮這個複雜的問題，他們就有機會整合好幾種觀點。當他們長大，我們希望他們可以記得這些課程內容，協助他們作出思維周到並且公正的決定。在童年教育早期種下同理心的種子，可以幫助他們成為能夠瞭解人類情緒、基本公平和正義的成人。

我看到成人教育中也加入了同理心。我的朋友阿維阿德．哈拉馬提，朋友都叫他阿弟，是喬治城大學醫學院（Georgetown University School of Medicine）創新與領導教育中心（Center for Innovation and Leadership in Education, CENTILE）的主任，中心主要任務在發展講師訓練。阿弟將身心心理學加入醫學院課程中，包括自我照護的工具，例如正念靜心和瑜伽，這在醫學訓練裡是很前衛的觀念。這個計畫示範了很棒的機會，教導醫學生更覺察自己的情緒，以及他們可以經由反思練習和虛擬情境，在詮釋、觀點和行動上如何減少偏見。除了關心醫學生的心理健康，也可能對臨床醫師在高壓下正常表現的能力產生重要影響。中心在醫學研習會中強調了這個概念，讓國際醫學界都有了更多的覺察。

我在哈佛梅西學院上的課也立即創造了社群。伊莉莎白．阿姆斯壯主任天才般的理解到，醫療教育家需要歸屬感。擁有終身的同儕團體將提供合作和創新的機會，也提供她的學生日常生活和事業中缺乏的支持和歸屬。教師的生活更好，醫學生的生活就會更好，最終，他們照顧的病人的生活才會更好。阿姆斯壯解釋，必須教老師如何教學，同時獲得肯定，才會有滿足感。她明白，好的教學需要受到肯定，要有獎勵，才能啟發和賦權醫療教育家，將教學放在最優先的位置，成為志業的整合目標。

課程中也能以更幽微的方式設計加入同理心。你可能無法記住你最喜歡的故事裡的所有細節，但是你可能記得整體故事結構，因為角色和他們的經驗感動了你。或許，小時候你被蘇斯博士（Dr.Seuss）創造的角色，渴望肚子貼上小星星的史尼奇（Sneetch）感動；或者國中時，你被哈利波特（Harry Potter）對失去的家庭的渴望所感動；或是高中時，被羅密歐與茱麗葉的愛情感動。

很多故事中，你不一定知道角色在每個時刻、每個狀態下的每個想法。因此，你仰賴想像力填進空白之處，以便瞭解角色的動機。當你真正與角色產生連結時，會創造出某種心理覺知，之後你會無意識地將之帶入你自己的人生。它會動搖你的期待，強迫你面對歧視和刻板印象，你將更能理解別人：這個人可能想法和你不同，但是你可以理解她的想法和感覺。在你自己的生活裡，當你遇到不熟悉或是複雜的人時，你可能更容易與他連結，因為小說中的角色已經協助你練習同理心技巧了。我們在第九章將探索這方面的研究，檢視同理心和藝術與文學的關係，包括對於文學類型的精彩研究結果。

我的工作是加強醫學生的同理心，我聽過很多批評，例如「這些是幼兒園就需要學的技巧，為什麼我們要現在教？」我的答案是，很多學生在幼兒園沒有學習到同理心，但好消息是，趨勢正在改變。

現在美國很多小學有開放圓圈（Open Circle）的課程，兒童可以表達自己的感覺，並傾聽別人的感覺。課程教導孩子感覺很重要，當他們表達感覺並被聽到的時候，受傷的感覺會得到理解，他們會逐漸開始感覺好一些。一位祖母的孫女參加開放圓圈，她跟我分享說：「我正在洗碗，五歲的孫女在跟我說話。她溫柔的握住我的手說：『奶奶，我的老師說，人家在說話的時候，你要看著他們的眼睛，像這樣……（她引導我到她的高度）這樣才會聽得比較清楚。』這是她在開放圓圈學到的。」

這位祖母說，她和孫女的對話完全改變了。現在她們會用她們的耳朵、眼睛和內心傾聽彼此。我相信，學習這些技巧永遠不嫌晚。我在想：如果每個人在幼兒園都學會傾聽、對感覺做出回應的話，我們的世界會是什麼模樣？

在早期教育中提供機會，讓孩子經由志工服務，協助有需求的人，也可以引發兒童的同理能力。搖籃到蠟筆（Cradles to Crayons）是一個非營利機構，提供無家可歸或經濟弱勢的兒童衣物與他們需要的重要物資。創建者琳·馬格里歐（Lynn Margherio）觀察到，讓孩子當志工的家庭給了孩子機會，思考一下有需求的其他同齡兒童，富裕社區的兒童平常不會接觸到窮人。馬格里歐分享這個例子：「一個有自閉症的十歲男孩來當志工，協助清理和分類鞋子。回家的時候，這位原本非常不愛講話的小男孩對媽媽說：『好有力量！』他的媽媽嚇了一跳，她不知道孩子知道『有力量』一詞。但是很明顯地，他懂。到家之後，他把自己能夠捐出去的鞋子都整理好。其中有一雙全新的Nike運動鞋，這是他求媽媽幫他買的。媽媽問他，確定要捐出去嗎？他堅持要讓別的男孩有機會穿這雙鞋。搖籃到蠟筆每天都看到幼小孩子展現同理心，這都是因為家長給他們機會練習同理心。」

第八章

簡訊、螢幕，與數位同理心

幾年前，《週六夜現場》（Saturday Night Live）演員萊思莉・瓊斯（Leslie Jones）受到網路惡意攻擊的事件成為全美新聞。她一宣布自己將演出重新製作、全是女演員擔綱的電影《魔鬼剋星》（*Ghostbusters*），種族主義者和厭女者的留言開始湧進這位非裔喜劇演員的社交網站。惡意攻擊演變到後來，瓊斯的網站被破解，護照和裸照都被放上網路，駭客還留了一張照片，將她比作大猩猩。

攻擊背後的主腦包括極右派網路怪客米洛・宜阿諾波洛斯（Milo Yiannopoulos），以及他的網站博萊特巴特新聞（Breitbart News），他們在數篇文章中宣稱瓊斯活該。她在社交媒體上很活躍，身為名人，她應該知道自己活該受到批評，而且，言論自由。網路戰爭維持了好幾天，直到最後，推特判定宜阿諾波洛斯和他的數位怪客軍隊終生不得使用推特。

淺薄的同理心

網路怪客是最標準的例子，讓我們看到數位螢幕將我們送進了毫無同理心的深洞。但是，網路怪客不是唯一看不到網路社交媒體替身和控制桿後面真正的人。往往，「正常」的人也會在臉書上留下輕忽、惡意、卑劣的留言，快速採取攻擊的文化讓我們輕易送出攻擊的文字，沒有考慮會引起什麼後果。

艾美獎得主，媒體工作者法蘭克．西斯諾（Frank Sesno）說：「數位溝通，尤其是社交媒體，過度簡化了一切，並讓一切保持匿名，強調驚嘆號，而不是問號。複雜度被排擠出去了，構成了亂丟侮辱文字的完美平台。」

西斯諾以前是CNN主播，現在是喬治華盛頓大學（George Washington Unisity）媒體和公眾事務學院（School of Media and Public Affairs）的負責人。他指出，現代人經由社交媒體傳遞大部分的溝通，令人驚訝的結果是，這正在分裂我們，而不是團結我們。經由臉書、簡訊、推特，以及其他社交媒體，更容易創造資訊泡沫以及關閉式的溝通。他說：「人類歷史中，人們首度可以同時間接觸到幾千人，加速了談話，同時也將談話放在過濾器裡，過濾掉我們不想聽的任何話。」

同理溝通破滅的另一個因素是大家現在吸收資訊的方式和以前不同了，喜歡越來越短、越來越頻繁的資訊，而不是用更長的時間吸收知識。例如，我們知道，現在的大學生比以前的學生更少閱讀。這種快速進出社交媒體平台、簡訊、留言的方式，使人類大腦受到更短、更快的互動制約。運用快速的資訊收集方法導致比以前更簡單、更淺薄的理解。我們用加快的步伐處理大量的資訊，導致更快的下判斷。

回想第四章提到的同理心七大關鍵要素——眼神交會、臉部表情的肌肉、肢體語言、說話的音調、知道別人的情緒——當我們用工具對話時，這些重要線索都消失了。沒有同理關鍵引導我們，我們沒有機會處理互動時的情緒脈絡，我們不知不覺地成為無法同理的溝通者。如果你在臉書上取消某人的好友資格，或是一再地已讀不回，你也不用面對對方的情緒反應。

停下來，想一想為什麼大的商業交易總是面對面進行，而不是用簡訊或電子信件？理論上，你可以用電子信件完成整個交易。但是我在本書前面已經提過，進行幾百萬或幾十億美元的交易時，生意夥伴會想要面對面，看著對方，在簽約之前，經由臉部表情、音調和肢體語言評估對方的誠實、正直和真實性。瞭解商業夥伴的慾望和動機時，同理線索非常重要。任何時候，在協商桌前，如果對方逃避眼神接觸或兩臂交叉，她就是在丟出情緒線索讓你追蹤了。可能她不贊同某些部分，或是她在隱瞞某些重要數據，或者她沒有對你完全誠實。

那麼，為什麼有那麼多人願意光憑著簡訊就與人約會呢？情感交流會比金錢更不重要嗎？這裡有很強烈的缺乏連結。我看過有人完全只靠簡訊與人約會，一旦簡訊沒了，就知道關係結束了。我們把情緒和動機簡化成鍵盤上的文字時，就錯過了許多的人類資訊。

進行對話時，數位媒體非常模糊。我們可以感覺到一點情感，但是不會知道我們從簡訊或推特文字裡看到的情感是否正確。少了臉部表情、音調、肢體語言，我們不得不更注意其他細節，例如回應的速度，講電話時，你至少可以聽到停頓和沈默的線索，你也可以要求對方進一步解釋。如果有人忽視簡訊，或是你在臉書上沒有獲得足夠多的讚，你只能自己猜測是怎麼一回事了。當你無法看到幕後，無法確定對方在想什麼時，就會容易感到困惑。她太忙了嗎？她的手機掉進水裡了嗎？我上一則簡訊留言是否得罪她了？我還會聽到她打來的訊息嗎？

所有這些不確定性都在你腦子裡流動，只是因為有人已讀不回，讓你覺得缺乏安全感。同時，溝通的對方可能完全不知道她一時的已讀不回造成了這麼多情緒壓力，她完全無法知道你等著她回覆時的心情。她沒有機會提供同理回應，因為她根本不知道你需要同理回應。這種溝通可能引起我們對於別人情緒的大量不確定感，對於關係極具威脅。

持續不斷出現在社交媒體上的完美照片，沙灘、滑雪場、聚會、渡假，也造成越來越強的不安全感。這些照片顯得別人的生活如此輕鬆快活，比較起來，你自己的（真實）生活顯得極度乏味。一位朋友最近觀察到：「大家都在上傳心目中理想完美的渡假照片，而不是他們真正的旅程，比如說沒趕上飛機、路上下雨、吵架等等。」這些挑選過、修圖過的照片，讓我們看到別人的生活，覺得自己的生活不夠好，應該努力追上完美的潮流。

改變的大腦

資訊高速公路正在改變我們的腦子，也正在改變我們彼此的關係。對話速度如此之快，作出回應之前，我們很少有時間反省或考慮一下後果，一點一點地，這種膚淺的互動慢慢的消蝕了我們的同理能力。我不是說要把科技應用降到最低，科技讓我可以連結半個地球外的孩子，還可以立刻安排會議，但是，我們花太多時間在螢幕前了。凱瑟家庭基金會（Kaiser Family Foundation）的報告顯示，八到十八歲的孩子平均每天花十一・五小時使用科技產品。年紀大一點的美國人每天花五小時使用數位科技產品，另外還花四・五小時看電視。擁有手機的人平均每六・五分鐘就會檢查一下手機，一天總共檢查超過一五〇次。

花在螢幕前的時間似乎改變了腦子，首先就是腦子的獎勵系統。電話和其他數位產品刺激大家形成多巴酚上癮，每一個簡訊、讚、留言和分享都會創造出虛擬的社會連結感。我們忽然受到注意，腦中湧出的神經化學物質讓我們一再檢查手機，渴望下一次的「過癮」。有幾項研究指出，光是聽到有訊息進來的通知聲音，就會比實際閱讀內容釋放更多的多巴酚。人類腦子變得更習慣快速且簡短的資訊，有人認為，人類的注意力將越來越差、越來越短。

當生活不斷被訊息通知的聲音打斷，我們和別人相處時，無法完全在場，面對面的互動開始消退，螢幕上的對話成為常態。最近一期《時代雜誌》針對「數位原民」（出生在網路時代的人）發表了問卷調查，發現五四％的人同意「我寧可發簡訊，而不想跟他們說話」。在網路統治世界之前出生的人中，只有二八％同意。事實上，只要有數位產品在場，就會出現溝通問題。艾克賽斯大學（University of Essex）心理學家做了一系列實驗，發現只要桌上有一個手機，正在說話的兩人就會分心，對話受到打擾。其他物品，例如書和筆記本則不像手機，並不會減弱親密感和連結。

研究發現，十幾歲和二十幾歲的年輕人已經不太會理解別人的情緒了。給他們看臉部表情，請他們辨認不同情緒時，他們會有困難。年輕人還在發展同理能力，以及理解別人情緒的能力，青春期本來就很自我中心，但青少年的腦子已經有點無法同理別人了，花那麼多時間看著螢幕，卻花那麼少的時間看真正的臉，可能影響基本同理技巧的發展，例如維持眼神接觸，或注意到臉部表情在同一個對話中可能從困惑、憤怒到噁心的微細變化。

中年人和老人是「數位移民」，他們的同理心也還是會被數位減弱。雖然我們可以學習同理心，但是相反的現象也可能發生。如果每天花大量時間在螢幕前的話，我們可能對非語言線索越來越不敏感，變成有同理障礙。當我們的腦子脫離人類經驗時，我們會失去一部分的人性，創造與人的真正連結的能力會減弱，這種現象發生時，每個人都會有損失。

看著螢幕並沒有眼神接觸、姿勢、情感、音調、積極聆聽，以及所有其他非語言溝通的元素，我們失去了所有的重要情緒線索，沒有情緒線索的話，我們只有螢幕上的文字，無法看到幽微的情緒，這時我們很難同理傾聽，我們不會看到對方的反應，我們將越來越疏離、不敏感、情緒上無感，容易造成誤解，覺得孤立、寂寞和無助。

我不覺得正念覺知的風潮和電子溝通同時崛起是一個意外。缺乏同理理解的經驗導致了情緒異常，正念風潮的崛起至少有一部分是對此產生的回應。在數位產品上，我們和別人的關係越來越扁平，於是上瑜伽課、靜心、散步都成為自我管理的途徑，以解決困惑的情緒導致的焦慮。

我們知道，大家若想對彼此感到同理心，就不能一直處於情緒壓力中。如果他們一直在努力管理自己的壓力荷爾蒙，以及戰鬥或逃跑的回應的話，他們將無法打開自己，感受別人的經驗。他們需要技術，例如橫膈膜呼吸、正念覺知，辨認自己面對的情緒、說出情緒的名字、決定如何反應，而不是自動作出反應之後再後悔。

是什麼驅使著鍵盤怪物？

像是萊思莉．瓊斯這樣的高端網路怪客事件往往會刊上報紙頭條。但是我們都知道，每一個人都可能在網路上被霸凌，網路霸凌已經成為一種流行病。根據Refinery 29[3]的最新調查，幾乎一半的網路使用者曾經在網路上遭受過某種錯誤對待。如果光看十八歲到二十九歲的使用者，數字則攀升到幾乎七〇%。一家名叫「做些什麼」（Dosomething.org）[4]的組織報告顯示，幾乎有四三%低於十八歲的孩子曾遭受網路霸凌，四分之一的孩子說被霸凌的經驗不止一次。

從古自今都有缺乏足夠同理心的霸凌者。網路只是讓他們更容易、更能匿名進行霸凌而已。社交媒體讓人有了欺負別人的武器。鍵盤怪物可以在推特、臉書，以及各種社交媒體上散播邪惡的意見，就像子彈一樣。這些人在社交媒體上一直散播自己的仇恨心理。

我們知道大部分網路怪客都是男性，許多不到三十歲。往往，這些霸凌別人的年輕網路怪客尚未發展足夠的能力，不知道自己的行為有何後果。我不是為他們的行為找藉口，但是神經科學已經確定了，腦子一直到二十五歲左右才會完全成熟，尤其是男性。青少年很容易受到同儕影響，並且情緒容易受到傳染。他們往往無法理解自己為何對別人有攻擊性。有些青少年自己一個人的時候，並不會想對別人這麼殘忍，但是如果受到霸凌者的鼓勵，感染到了霸凌者的情緒，認為霸凌是正常的行為，就可能加入大家，一起霸凌別人。很不幸的，這些特質可能在青春期之後仍然存在多年。

和網路怪客的訪談結果十分驚人。這些人不認為受害者是真實的人，即便他們的行

3 譯註：美國一家以年輕女性為重點的數位媒體公司。
4 譯註：全球性的非營利組織，目標是讓年輕人願意在網路上或實際生活中，做一些正向的改變，對世界造成影響。

為可以摧毀生命。在一些極端的案件中，受害者甚至會自殺，但是網路霸凌者並不在乎。霸凌讓他們覺得賦權，而不是無助。他們本質上就比較反社會，往往缺乏真實世界的社交和情緒技巧來解決人際衝突，無論是網路上或實際生活中。加拿大一項最新研究中，研究者交叉分析網路霸凌者的個性測試，發現網路怪客往往屬於「黑暗四格」（dark tetrad）。黑暗四格指的是四項彼此重疊的個性特質，包括自戀、心理病態、施虐和運用操控與欺騙的權術，稱為馬基雅維利主義（Machiavelliansm）。

鍵盤怪客看不到過程中的社交線索，無法目擊對方恐懼的眼神、眼淚或防衛的姿勢。這些線索原本可能讓他退縮，如果受害者有辦法表達自己的痛苦以及霸凌引起的不適，怪客還是可以封鎖回應。他越遠離受害者，越能不把對方當人看，於是更容易合理化自己的霸凌行為。他可能相信對方不值得善意或尊重，在極端的例子中，他可以說服自己，欺負對方，或是摧毀對方是正確的事情。

我們知道，網路霸凌的受害者往往因為這些霸凌經驗而覺得沮喪憂鬱、焦慮、挫敗，網路怪客似乎也會付出心理代價。如果我們想一想，這些感覺也是網路怪客內在感覺的鏡像，我們可以看到，他其實是一個覺得無力、焦慮、沮喪的人，他沒有其他的情緒出口，只能激起別人也產生同樣的情緒。在短時間裡，網路霸凌可能讓他覺得自己有力量，但是這並不是累積已久的挫折的有效出口，而是自我挫敗的行為，結果就是越來越沮喪、寂寞和孤立。

網路怪客的心理往往充滿羞恥感（一個人做錯事會覺得有罪惡感，而羞恥感則來自覺得自己有毛病）。錯誤對待別人往往引起羞恥的情緒，例如忽略、拋棄、一直被取笑，或身體、情緒或性侵的虐待。邊緣人相信自己永遠不會找到自己的圈子，更容易覺得羞恥，然後成為霸凌者。有些人在情緒上無法承受實際生活中不確定的社會地位和受到排斥的可能性，於是參與網路上的荒唐行為，以維持他和他認同的圈子的連結。忽視這個痛苦是很危險的，沒有人插手的話，這些痛苦可能轉向別人，導致嚴重後果。

琳迪・衛斯特（Lindy West）是一位有名的諧星和作家，勇敢地採取了一個不常見的行動，不知不覺間翻轉了網路怪客心理學中絕望與寂寞的一方。她遭到網路致命攻擊之後，決定寫一篇文章，描述她的痛苦。文章很長，登在《衛報》的網站上。衛斯特描述一個網路怪客追蹤她，指責、侮辱關於她的一切，從她的寫作到她的長相。

很意外的，怪客後來寫了一封信跟她道歉，解釋說他從來不認為他攻擊的對象是真正的人，直到他讀了衛斯特寫的文章。他們後來通了電話，他承認覺得自己不夠好，缺乏自尊心，所以才會對她如此殘酷。衛斯特同情這個人，最後他們見了面，分享並瞭解彼此超越網路分身的人生。

她寫道：「我沒有打算原諒他，但是我原諒他了。」

霸凌雙方很難得的都顯示了同理心。衛斯特的怪客在社交媒體上胡亂攻擊別人，就像在練習射靶似的。你射靶的時候不會停下來想一想，靶子是否會痛，你就只是瞄準紅心。或許他是出於寂寞和累積的憤怒這麼做，當衛斯特用自我同理的方式表達自己的痛苦時，他終於明白他的數位攻擊對象是一位真實的人。

怪客心理本質極為違反社會，我不確定衛斯特的故事是一個典型、普遍的例子。通常，我認為最好不要餵養怪物。雖然怪客會遮掩自己的行蹤，很難找出真正的主事者，許多州還是有反網路霸凌的法令。如果怪客變得太有威脅性、太危險了，可以向政府當局告發。或許，發一個警車的圖案做為回應，可以刺激怪客的前額皮質和推理能力，考慮一下後果。另一個方式是利用霸凌者的一項特質：研究顯示霸凌者無法忍受無聊。網路霸凌者渴望回應，如果無法得到回應會很挫折，可能就會改變霸凌的對象了。因為我們無法期待大部分的霸凌者像衛斯特面對的那位霸凌者一樣，最好的辦法就是忽略霸凌者的行為。

一張照片一千個情緒

在這個時代，我們需要新的方法來詮釋情緒。於是出現了表情符號：黃色的微笑、假笑、皺眉頭。

自從大家開始大量使用簡訊之後，就迅速發展出在數位溝通時使用表情符號來表示情緒。在簡訊革命一開始的時候，大家用情感符號表達基本的感覺和動機，例如打一個冒號，然後一條橫槓，然後一個右括號，表示微笑。一九九九年，日本經濟學者栗田穰崇（Shigetaka Kurita）創造了表情符號（emoji）。他當時參與了一個團隊，企圖革新日本的溝通。傳統上，日本人習慣面對面與人說話，或是手寫很長的信件，充滿誇讚和敬語，以及善意與祝福。栗田瞭解到，鍵盤溝通讓日本人無法以習慣的方式表達自己，往往引起誤會和普遍的溝通不良。

正是因為大家需要仰賴同理心的七個關鍵元素，一旦缺乏眼神接觸、臉部表情、姿勢、音調，就完全不知所措了。如果簡訊中沒有插入表情符號，我們的溝通就可能缺乏同理心。表情符號的作用就如同音調和肢體語言一樣。全世界有三十二億人經常使用網路，研究顯示，九二%的網路使用者經常使用表情符號。無論母語是什麼，表情符號都為情緒和動機提供了普世的線索。

我們很幸運，有表情符號引導我們，在數位溝通創造的情緒地雷區行走，否則我們可能迷路。若是沒有表情符號，我們無法溝通。但是，有表情符號就夠了嗎？是不是還有表達不清楚的地方呢？你看著大部分人的簡訊對話、電子信件、社交網路的文章，到處都是微笑的臉和驚訝的表情。很快地，表情符號不只是臉部表情了，還有大拇指比讚、心形、喜歡的按鈕，表達了更多思緒與感覺的細節。現在我們有獨角獸、主題標籤（hashtag）、重複播放的短片（gif），協助我們在數位訊息中重新置入一些情緒。

此刻尚未有足夠數據確認，但是我們可以猜測，明亮的黃色笑臉可能就像眼前真正的笑臉一樣，可以激發快樂的神經迴路，讓我們腦子同樣的區域發亮。但表情符號並不能真正替代同理心。用哀傷的臉回應分手的訊息是否合適？有家人過世的文章呢？雖然表情符號確實傳達了情緒，提供清楚的含義，但是表情符號畢竟不是情緒的完美代表。

例如，我所看到對於社交媒體文章的各種反應。一段貓咪影片獲得五個紅心的反應，但是為什麼有一個人按了憤怒的臉呢？如果在一篇臉書文章下面，大家都按了紅心，你按讚是否不禮貌？如果一篇推特內容違反職場社交媒體規定的話，你按讚是否會惹上麻煩？

表情符號可能還沒發展完全。我們可能還需要另一個層次的情緒符號，以激發真正的同理心。例如「我需要聊一聊」或「你現在可以聊一聊嗎？」的符號。現在的表情符號的問題是，它們傳達了感覺，但是不夠精準，也沒有表示這個人在情緒上的需要。我擔心有些人正在使用這些符號尋求情緒上的回應，但是表示需求的情緒危險太大了。如果你寄了一張挫折的臉，收到的人可能理解你很挫折，但是可能無法理解你挫折到想哭了。他完全無法分辨你需要的反應是什麼。我也擔心現在的數位世界裡，冒險表達不只是你的情緒，同時也表達你的情緒需要時，可能會覺得過於為難別人了。

自從發明了電話，人類用臉部表情溝通的方式就受到挑戰了。現在又變成數位訊息，新科技不斷出現，像是虛擬人物表情符號（Bitmoji）就能讓你擁有個人的虛擬替身，讓你用你希望世界看到的方式呈現自己。這些新科技增加了臉部表情，能夠進行更精密的溝通，你和你的數位自我之間的界限正在很快地消失之中。

有些新科技已經在實驗臉部辨識的軟體了，可以根據臉部製造個人表情符號。有些還有能力用你的聲音和你當下的臉部表情，製作個人化的動態訊息。這些科技進展顯示，大家經由簡訊和電子信件溝通時，還是持續尋找情緒上更精準的溝通與回應方式。因為同理心和慈悲心非常仰賴同理心的七個關鍵要素，人們會持續發展越來越精密的軟體，直到能夠表達更精準的同理心。

我們會想，需要花多少時間、努力和金錢，才能模仿人類能夠做的事：接收和回應別人的情緒需求。當這些人類特質被機器完全取代時，毋寧是令人哀傷的一天。軟體會持續進步，你真的希望醫生或護士、老師或律師是機器人嗎？機器總是會在那裡協助我們溝通，但是，希望不會取代人類的內心和靈魂。我們的社會總是渴望新科技，但希望我們永遠不會忘記人類碰觸的舒適、擁抱的溫暖或是朋友瞭解的眼神，讓你知道，她從你的觀點看到發生什麼事情了。我們都需要知道，我們在這個世界上並不孤單，我們是值得愛的。而機器無法取代這一點。

第九章

同理心、藝術，與文學

艾倫・愛爾達（Alan Alda）在電視劇《外科醫生》（*M.A.S.H.*）開拍前一晚，和創造這齣電視劇的人面對面談話。《外科醫生》描述韓戰前線的美軍醫療單位，是美國電視史上演出最久的喜劇之一。

愛爾達回憶道：「我想要確保他們不會把這齣戲當作愚蠢的低級喜劇。舞台上，戰爭正在進行之中，前景只有幾個狂歡作樂的傢伙，我希望——不只是希望，我要他們同意——我們會真實呈現戰爭是怎麼回事。在這裡，有人受傷。我記得我在思考，我們是外科醫生——如果你演出我們真正在做的事情，會發現這並不是真正的人在過的日子。」

我問愛爾達為什麼這一點對他很重要。他跟我說，如果把戰爭呈現得很淺薄瑣碎，就更容易開始下一場戰爭。「如果這個地方不但被弄得很光榮，還讓你看起來很勇敢，而且可以很好玩的話，你參軍之前就不會多猶豫了。」

如果我可以轉譯這位多次贏得艾美獎的演員的話，愛爾達在說的是，他要啟發同理心，而同理心可以改變人心、改變媒體。《外科醫生》確實是奠基在參加韓戰中真正的醫生、護士和士兵的故事。他知道，拿這些人的生命經驗開玩笑，會對不起原本的角色以及觀眾。這齣戲擁有聰明的劇作家和偉大的演員，除此之外，這齣關於戰爭的電視劇如此有力、如此受歡迎的最大原因，就是觀眾可以和螢幕上看到的故事產生共鳴，想像自己像這些勇敢的男女一樣。

愛爾達繼續說：「看藝術品或是看感人的表演，就像按了『重新啟動』的按鈕一樣，可以用新的眼光，重新看待這個世界。我認為，戲劇藝術或小說中的角色具備很豐富而真實的情緒的話，都可以讓我那一天在情緒上保持新鮮的視野，甚至第二天都可以讓我對事情的感覺更好。因為我們身邊有人正在適應很強的情緒，我們讓彼此更有人性。就像大家在劇院一起哭或一起笑，這是非常棒的經驗。」

所以，讓我們談一談藝術，以及藝術如何幫助我們理解、感覺和表達同理心——進一步讓我們重新啟動對世界的看法。當我提到藝術時，不僅僅是指義大利電影、德國歌劇、掛在博物館裡的法國繪畫。藝術家和購買藝術品的大眾來自各種背景，擁有各種社會經濟地位。以今天的標準來看，莎士比亞的創作可能顯得遙不可及，但是要記得，他一開始是為了一般大眾寫作的。藝術是什麼、藝術的意義是什麼呢？那要看你是誰而定。有些人喜愛雕像、戲劇和爵士樂；其他人可能更喜歡現代舞、街頭塗鴉和漫畫書。藝術達到巔峰時，無論是什麼或觀眾是誰，都可以很有力的感動社會，朝向更有同理心的態度前進。

藝術裡的同理心科學

同理心和藝術有共同的歷史。事實上，十九世紀末期的美學家羅伯．威徹（Robert Vischer）首先用德文字「Einfühlung」描述藝術觀賞者對著藝術家創造的作品投射自己的感覺，讓自己得以欣賞和體驗被藝術品激發情緒的美學經驗。美學哲學家西奧多．理普斯（Theodore Lipps）將他的概念延伸到人際間的理解，使用方式和同情心類似。德國哲學家、心理學家和社會學家威爾漢姆．狄爾戴（Wilhelm Dilthey）再進一步，延伸到用來描述一個人瞭解另一個人如何思考與感覺的過程，這就是我們現在說的心智理論。英美哲學家愛德華．提森諾（Edward Titchener）最後把這個詞從原本的德文翻譯為現在英文的empathy。他這麼做是想傳達一個概念，人類有能力自省，能夠超過同情心，進入別人的情緒狀態。同情心的現代解釋是對別人的遭遇感到難過，同理心則不同，同理心表示可以理解別人的思考與感覺，因此可以「進入」別人的痛苦，就像這個痛苦是觀察者自己的痛苦似的，於是可以和對方有同樣的感覺。

在藝術中，我們回到同理心初始的含義，觀者受到藝術品的感動，情緒受到影響，我們經常因為藝術品可以激發情緒而認為它有價值。這些情緒不一定是藝術家的情緒，但是藝術家因為技術，或是因為種種狀況而織入了作品之中，引起我們內在的感覺。不像日常生活中的同理心（我看到有人受傷，感覺到她的痛），藝術家創作情緒時有一個過程。除非被攝影機抓住某個時刻——例如敘利亞小孩被人從毀掉的家裡拖出來，或是卡爾．亞斯查姆斯基（Carl Yastrzemski）奮力擊出全壘打——否則往往是藝術家知道他想表達什麼情緒，希望能夠傳達給觀眾。有時我們感覺到這個情緒，有時我們感覺到其他類似的情緒，或是很不同的情緒。

往往還有另一層意義使得訊息更加複雜。在劇院，很多人——劇作家、導演、演員、觀眾，甚至劇評家——在一起合作，每個人帶給這件作品的不同觀點都可以改變訊息。同樣是一個影像，可能是站在門口的一個陰影，或是主角站的姿勢，就可以激發觀眾的情緒。同樣是一首歌，或是一句歌詞，或是唱歌的人的聲音裡的一絲悲哀，都可能充滿了靈魂。戲劇裡，一句話可能一寫再寫，經由不斷排練，最後有技巧的演出。如果沒有觀眾的感性與情緒參與，藝術是不完整的。二十世紀初，維也納藝術史學院（Vienna School of Art History）的阿羅依士．雷格（Alois Reigl）說，觀眾和畫家合作，用個人角度詮釋他在畫布上看見的圖畫，因此賦予圖畫意義，他稱這個現象為「觀賞者的部分」（beholder's share）。

藝術和同理能力緊密相連，因為觀賞藝術的行為就是在執行觀察和回應的功能，和人與人的互動相似，所有形式的藝術中，觀眾都將自己的經驗混入他所看見的與聽見的來和藝術家溝通。看視覺影像，例如繪畫，需要眼睛接觸到藝術品，藝術品本身可能就足以激發同理反應了。觀眾打開眼睛，看著畫布上的圖畫，發現一扇進入主題與藝術家內在世界的窗戶，以神經學而言，類似腦子經由眼神接觸，處理人臉的過程。

藝術吸引大家在公共或私人的環境裡分享人類的故事和經驗。我記得站在日本鎌倉大佛像前，那一刻改變了我的生命。一二五二年建造的雕像有四〇英尺高。這裡原本是一座佛寺。佛陀的臉上散發著和平與寧靜，好像一股海浪般強壯的力量，以輕如羽毛的方式讓我駐足。這種和平與力量似乎感動了廣場上的每一個人。這和我第一次看到畢卡索的名畫「格爾尼卡」（Guernica），有類似但是相反的感覺。格爾尼卡是畢卡索指責西班牙內戰時，納粹炸毀巴斯克（Basque）小鎮格爾尼卡的作品。經由筆觸、形狀和各種深淺的中性色彩，畢卡索呈現了戰爭的悲劇，以及戰爭引起的痛苦。這幅畫引起我內心強烈的干擾和慈悲，是我成為醫生的部分原因。

你有過類似經驗嗎？如果有，你就擁有了人類對藝術的反應。對神經學而言，藝術的反應始自山洞繪畫以及我們物種的起源。身為人類，就是會有衝動，想用某種形式表達藝術或回應藝術，若是沒有藝術表達，例如監獄裡的犯人，生活可能會很貧瘠。藝術是偉大的統一者，將我們從自我中心的觀點，轉化到理解有更寬廣的方式來體驗和觀看世界。

我很幸運，有機會和哥倫比亞大學的神經科學家艾瑞克．肯德爾（Eric Kandel）

對談，二〇〇〇年，他因為研究神經系統的訊息傳遞而獲得諾貝爾醫學獎。他在他寫的《洞見的年代》（*The Age of Insight*）書中，描述了藝術如何在體內產生連結。

「我們對藝術的反應源自無法遏止的衝動，想要在我們腦中重新體驗創造的過程——認知、情緒、同理——藝術家因此創造作品……藝術家和觀眾創作的衝動可以解釋為什麼幾乎有史以來，全球的各種人類族群都會創造影像，雖然藝術並非生存必需。

藝術天生就讓人愉悅，是藝術家和觀察者彼此溝通，分享彼此的創作過程，是每一個人類腦子都有的特質——過程導致驚喜發現的瞬間，忽然，我們看到了另一個人的內心，讓我們看到藝術家創造美麗與醜陋之下的真相。」

當我最近和肯德爾談話時，我發現他對於藝術與觀眾互動的見解很有意思。

他說：「身為科學家，我對學習採取簡化法的態度。我經由神經傳導物質的釋放調節，發現學習的分子生物機制，我對於從簡化法的觀點來學習，總是感到印象深刻。馬克．羅斯科（Mark Rothko）是一位抽象畫家，他的畫有生動的明亮色彩，非常有力，一開始看，像是單一顏色，然後你會看到每一個線條都重疊在許多線條上，一個線條由許多線條組成。這時，你的觀點就開始改變了，你越是仔細看，就看到越多。」

在藝術的模糊性中，觀眾將自己的經驗帶入，受到正在觀看的藝術影響，經由腦子的改變，我們可以看到世界有更多層次、更多細節、更為連結。在我們這個分裂的世界裡，藝術可能確實是最偉大的連結了，藝術是同理的本質。

藝術如何建構同理心

藝術創作是分享的行為，以定義上而言，就是邀請我們參與藝術家的經驗，做出我們自己的結論。這個分享的經驗轉化了原本靜止的腦子——也就是最為常見的狀態，稱為大腦預設模式網路（default mode network）——變得比較不自我中心，比較好奇。右腦打開了，右腦比較不參與任務表現，而是和想像與創造力有關，讓我們能夠處理藝術想要激起的情緒，或我們投射到藝術品上的情緒。

將創造者和觀眾聯結在一起，會形成和喜悅、恐懼、痛苦或任何其他普世情緒的連結。能夠在情緒上感動觀眾的藝術品，可以讓你在思考之前先產生了感覺。它抓住了你，一個手勢、一個臉部表情、一個動作、一抹色彩或一個字。想一下梵谷的〈星夜〉

吧。藝評家說，色彩的旋轉、觸感和色彩表現出藝術家想要克服他精神疾病的暴風旅程，村莊用深色表達，窗戶卻明亮發光，散發出舒適的感覺。或許你無需閱讀美術史，也可以感覺到了這些情緒。

想像力是建構同理心的第一步：如果我無法想像你是怎樣的人，我要如何對你發展同理心呢？藝術提供了一個空間，想像力可以在此扎根、茁壯。藝術的力量源自藝術可以同時刺激認知（思考）同理和情感（感覺）同理的能力。當我們觀察一件藝術品，會帶入我們所有的記憶、觀點和經驗，投射到我們看到或聽到的東西上。經由這種互動（藝術家的作品和我們的個人經驗），我們腦子的情緒中心受到刺激，我們感動的程度表示了藝術家擴展我們感官的能力高低，它帶著我們超越自我，提供不同的觀點。有些時候，它提升我們的情緒或心理狀態，其他時候，它協助我們暫時看到別人的痛苦、哀傷、喜悅、驚訝或憤怒。

我在密西根州的因特洛肯音樂營（Interlochen Music Camp）當營隊輔導時，遇見黛安・波羅斯（Diane Paulus），她當時十歲，讓我印象深刻。她充滿活力和創造力，讓她身邊的人都打開心胸，現在的戴安已經是東尼獎得主了，擔任哈佛大學美國目錄劇院（American Repertory Theater）的藝術指導。她解釋藝術如何真正擁有轉化的力量，藝術一定要考慮到觀眾的觀點，因而提供同理心的感覺。

她說：「我們希望溝通、刺激和轉化什麼呢？我真的相信觀眾想要深刻的學習經驗。身為藝術家，這個信念驅使著我。我們在美國目錄劇院的任務就是擴展劇院的界限。人類都需要儀式，一起在時空中移動，這是人性對變化的需要，從一個地方，脫離日常生活，走上旅程，感受很棒的經驗，在更大的存有中看到自己。」波羅斯繼續說明，主要就是從心移動到心智。

「對於觀眾，我們要到達更深的同理心。觀眾無法很快地說：『這不是我。』『我不喜歡。』『我不認得這個，我要離開了。』不是關於資訊。我們擁有太多資訊了，根本用不了那麼多，時間一久，我們都對資訊麻木了。是關於讓觀眾對這個人的故事產生慈悲心，我認為這有點像增強同理心，經由歷史體認同理心。」正是因為藝術在社會中的重要角色，所以，支持國家藝術基金會獎（National Endowment for the Arts）是如此重要之事。藝術讓我們從自己的經驗提升到同胞以及兄弟姐妹的經驗。

愛爾達有類似的解釋，他認為藝術是某種共享的人性。

他說：「共享的痛苦最能刺激同理心了。對我而言，我認為演員和觀眾之間的溝通是兩個人試圖溝通時的本質與精華。」

我們發現，在某些未曾預料到的地方，藝術被用來作為有效媒介。我的朋友，紐約藝術家梅莉莎・卡夫特（Melissa Kraft）回憶自己在哥倫比亞大學（Columbia University）念醫學院時，需要上一堂視覺藝術的課，不是為了學習藝術本身，而是學習繪畫中的臉部和身體，想像他們的故事、問題和生活。當然，這個課程的目標是要啟發醫學生的同理心。雖然是必修課，但是極受歡迎，並且對於未來的醫生如此重要。

在醫學教育中整合藝術的做法，已經成為哈佛醫學院和全美許多其他醫學院的優先考量了。

二〇一一年，哈佛醫學院有幾位教授組成了藝術與人性小組（Arts and Humanities Initiative），負責提供文化活動，許多醫學生和醫生參與寫作、玩音樂，以及其他課外的藝術活動，他們認為這些活動的益處太大了，應該成為醫療事業的中心與前題。蘇珊・科文（Suzanne Koven）是藝術與人性小組的創始人之一，也是麻省總醫院的駐院作家，她說：「運用正念觀賞一幅畫，或仔細閱讀一首詩，可以改善你觀察、詮釋、溝通的能力，並提升同理能力。這些都會讓我們成為更好的臨床醫師。就個人而言，我大學主修英文時，從閱讀小說上學習到的一切，比我學的生物化學或物理都更能幫助我成為更好的臨床醫生。」將藝術整合進任何專業領域都可以將工業人性化，因為可以提升同理心。

結論就是：藝術可以把同理的想法從情緒轉移到認知，當藝術激起夠強的情緒時，我們會想要分享這個經驗，啟發文字書寫或行動。真正有趣的是，根據定義而言，藝術是一種共享的經驗。當我們去博物館、劇院或音樂會，我們往往是和別人一起去，之後會討論我們看到、聽到、感覺到了什麼。有時候，我們只是安靜地站在一起，讓分享的感覺像電流似的在空氣中流動。你在開車回家的路上，獨自聽的一首歌，或是你一個人在網路上看到的照片，也是某種文化共享的經驗，可以開啟地方上的、全國的，甚至全球的對話。

藝術啟發同理心的證據

雖然還很少見，但是科學研究已經開始證明同理心和藝術的連結了。例如在二〇一三年，紐約市新學校（New School）的研究者做了一項調查，閱讀文學小說是否會讓人更能理解別人的思緒與感覺。在一系列的五個突破性研究中，他們要求幾群人要嘛不閱讀不然就是閱讀不同文本的文摘，文本包括流行小說、非小說和文學小說。讀完之後，參與者接受測驗，看他們是否能夠瞭解別人的思考和情緒。參與者做了「看著眼睛閱讀心智」的測驗，研究者要求他們看照片，然後從四個情緒字眼中選擇一個最為接近照片中的表情的字。閱讀文學小說的人在瞭解別人情緒上得分最高，這個能力就是我之前提到的心智理論。

研究者發現，閱讀文學小說比閱讀流行小說，導致心智理論得分更高。他們的結論是，文學角色的豐富性和深度教導讀者如何預測和詮釋動機與心智狀態。行動和冒險類的小說也有同樣結果，但是效果遠遠不及文學小說。閱讀流行小說或完全不閱讀的人，都沒有提高同理心。他們用的流行小說是丹尼爾・史狄爾（Danielle Steel）的《母親的罪惡》（*The Sins of the Mother*），而閱讀露易絲．爾理奇（Louise Erdrich）《圓屋》（*The Round House*）的參與者則大幅提升了同理心得分。《圓屋》故事在說一位美洲原住民男孩在目擊自己母親被種族歧視者殘忍攻擊之後，邁向成熟的過程。不是說文學小說一定比其他文類更好，我們只是想指出，說故事的方式可能影響我們如何看待角色的社會互動。文學小說以某種隱微的方式教導了你，不是每個人的想法都和你一樣。

這些研究結果和我的教學觀察一致。研究顯示，流行小說主要專注於行動和興奮的情節，而不是複雜的情緒旅程。流行小說中，角色的情緒往往交代得很粗糙，大部分無法預期，並且符合讀者心目中，在某些狀況下，人們會如何反應的偏見。相反的，文學小說會在角色的心理以及關係的複雜性上面描繪得更深。幫醫學生上文學課時，如果使用文學小說或威廉．卡羅斯．威廉斯（William Carlos Williams）、亞伯拉罕．維吉斯（Abraham Verghese）、派瑞．克拉斯（Perri Klass）或拉非爾．克恩波（Rafael Campo）的詩，我們將能夠一窺角色的內在對話，思考他們的目標和動機是什麼，學生可以面對成見和刻板印象，看到自己圈子之外的人的觀點。

新學校的實驗似乎建議，心理上的覺醒可以被帶入真實生活的思考。水牛城的紐約州立大學（State University of New York）相關研究發現，閱讀《哈利波特》（*Harry Potter*）書籍的人比較可能對巫師有自我認同，閱讀《暮光之城》（*Twilight*）系列的人則比較容易認同吸血鬼。

巫師和吸血鬼並不真的存在（至少我這麼相信），但是研究者發現，讀者會暫時不去想這一點，幻想自己屬於這兩個小說中的社群（都是社會大眾的圈外人）之一，藉以獲得和真實生活中成為圈內人類似的情緒連結。小說提供機會，讓讀者取得社會連結，獲得成為更大團體中的一員的滿足感。確實，腦部掃描顯示，我們用來理解小說故事的腦部區域和執行心智理論的腦部區域重疊，心智理論是認知同理心的基礎之一。

我之前說過，根據經驗，研究藝術如何啟發情緒、建構同理心的工作仍在早期。肯德爾正在哥倫比亞大學進行關於藝術和同理心的經驗研究實驗。他和團隊正在檢視人們對於圖像藝術、過渡藝術（transitional art）和抽象藝術的反應。在圖像藝術中，我們可以看到很真實的人物、地點和東西——臉看起來就像臉。抽象藝術則使用形狀、色彩和質地呈現一個圖像，讓人想到臉，但是需要想像力，例如畢卡索和布拉克（Braque）的立體主義人像。過渡藝術則介於二者之間。想一想印象派繪畫中，薄霧似的安靜人形，沒有確切的形狀，但是你還是看得到影像。肯德爾在他的書中指出，我們的腦子對閱讀臉部細節，比其它功能都使用了更多的神經元。

我的研究團隊在麻省總醫院進行同理訓練的研究時，心理學家保羅・艾克曼（Paul Ekman）提供了臉部情緒表達的影像。我們想，正確閱讀臉部表情的能力對於同理能力如此重要，需要把臉部訓練加入同理心訓練課程之中。研究顯示，受過臉部訓練（以及我們的其他課程）的醫生，比沒有受過同理心訓練的醫生，從病人的問卷上獲得最高的同理心得分，我們的研究肯定了正確解讀臉部表情對於照顧者的同理心有重要影響。

肯德爾對於一九〇〇年代維也納藝術中的臉部表情極有興趣，主要是因為其中充滿細節和細微的臉部表情，透露了作品中角色的心理和情緒。肯德爾在尋找對於這些不同種類的影像所產生的不同心理反應，經由神經造影研究，哥倫比亞團隊希望檢視一個人被藝術品感動時，腦子發生了什麼事情，以及這個反應和真實生活中的情緒反應有何關係。這是個新的研究範疇，我很有信心，將會產生有意思的結果，給我們更清楚的地圖，知道如何將不同的藝術作品放進個人或社區的同理心訓練。

另一個令人興奮、可以啟發同理心的藝術是虛擬實境（virtual reality, VR）。我在法國的坎城創作展（Cannes Festival of Creativity）遇到電影和劇場的演員和劇作家珍・岡特里特（Jane Gauntlett）。我們都針對同理心的科學與藝術主題發表演講。珍寫了《穿著我的鞋子》（*In My Shoes*），並用虛擬實境的技術製作影片。她之前在騎腳踏車時，遭到嚴重攻擊，導致嚴重的腦部損傷，經過奇蹟般的復原，她仍然有令人耗弱的發作。珍明白，她的神經醫生說的「好的結果」和她自己的感覺之間有某種失聯。雖然她現在幾乎不會發作了，她還在吃防止發作的藥物，她的腦子還無法恢復原有的創作功能。珍的動機非常強，想要把她的經驗分享給醫生知道，她寫了並製作了一部虛擬實境影片，戴上目鏡就可以體驗發作的狀況是怎樣。《穿著我的鞋子》收集了她的聲光經驗。在法國，我戴上VR眼鏡，急於親自體驗。我的感受如此真實，演到四分之三時，我必須拿下VR眼鏡，因為我覺得想吐，失去方向感。珍很成功地將自己的經驗轉化了，並且讓醫生體驗。現在全英國的醫學生，以及全球的醫學生都可以親身體驗了，這就是我們建構同理心的方式。

雞或雞蛋？

心理學專家常常提出質疑，接觸文學與藝術會讓人更能同理，還是反過來，藝術愛好者本來就是比較敏感的靈魂，傾向於尋找藝術品，以體驗同理經驗？例如，新學校的文學研究很有意思，其他幾個團隊卻無法複製同樣的結果，可見閱讀文學不一定能夠提升同理能力。但是，有證據支持文學研究的結論，當參與者閱讀文學作品時，會刺激到借位思考和心智理論共同使用的腦部網路。認知同理的提升可能只存在於正在進行實驗的時候，但也有可能文學小說刺激同理心的神經網路的效果可以持續。

接觸藝術可以培養借位思考的能力。同時，我也認為，具有同理心的人可能尋找協助他們進一步磨練天生的同理能力的藝術。已經存在的神經元就像小型神經行為反應器，我們還有其他共享的神經迴路，似乎，我們天生具有同理能力。我相信，藝術是激發神經系統，讓神經開始運作的最佳方式之一。這是不是表示，藝術愛好者一定是最敏感的人呢？或許不是，但是藝術愛好者可能比大部分的人更能瞭解別人的經驗。

事實上，英國劍橋大學有一些有趣的研究，建議有同理能力的人會被某些藝術吸引。研究者分析了三千多個人的性格特質和藝術種類的偏好，發現了驚人的清楚模式。大部分性格特質偏向激烈、不安、享樂主義的人，喜歡強烈不安的藝術種類，例如龐克音樂和金屬音樂、恐怖電影、情色小說；性格特質喜愛驚險的人會喜歡行動、冒險和科幻作品；性格特質比較理性的人，喜歡與時事相關的作品，以及非小說類和教育類；同理特質非常強烈的人喜歡剩下的兩類娛樂：社會和美學。社會型的性格特質會專注於人和關係，喜歡看談話節目、劇情片、愛情和流行音樂；美學的性格特質則專注於文化和心智，特別喜歡古典音樂和藝術、歷史、外國電影。

有趣的是，同理特質強的人竟然喜歡這麼多元的娛樂類型，我想，這代表了同理心的雙重特質。首先，同理的人很自然地會對人和關係有興趣，第二，他們對於自己之外的經驗會很有興趣。同樣的研究發現，高度同理的人似乎也會避免過度暴力或恐怖的娛樂，或許，他們比較無法忍受看到這麼多的身心痛苦。

將藝術的教訓帶進真實世界

我們希望看到更多的同理心，但是我們在現代社會只看到更少的同理心。我們已經進入大部分都是數位溝通的年代了，越來越常使用電子信件和社交媒體，缺少同理心七個關鍵要素的非語言線索。我們已經看到，當你在社交媒體上匿名留言時，很容易變得粗魯。你永遠看不到你的文字造成的破壞和痛苦，雖然我們每天在螢幕上看到戰爭和破壞，令人不忍卒睹，但是許多人已經麻木了，不再對為受害者有所感覺。

我相信，藝術可以作為疏離感的解藥，藝術可以提供第一手的經驗，拉近彼此，瞭解彼此，知道大家都是個人，都同樣是人，因此改變我們對社交圈外人的想法。以現代人越來越少用的方式進入別人的思想和感覺，我們將發現越來越難忽視他們，無法認為他們是特例或不值得尊重。為什麼需要藝術？藝術讓我們覺得所有人都有連結。世界上許多問題之所以會發生，就是因為我們不瞭解彼此。藝術協助我們理解，我們越理解，越能夠借位思考，越好。

許多藝術品要求我們更有人性。想一想電影《辛德勒的名單》（*Schindler's List*），如此尖銳鮮活地講述納粹德國裡的猶太人故事。還有《殺戮戰場》（*The Killing Fields*），讓我們從一位柬埔寨男人的角度——西方極少看到的角度——看到柬埔寨的恐怖與破壞。例如《世紀的哭泣》（*The Band Played On*）、《血熱之心》（*The Normal Heart*）和《藥命俱樂部》（*Dallas Buyer's Club*）等等電影、影集和書籍讓愛滋危機更富有人性，愛滋對於男女同志社群是一個真正的危機，而同志圈一向就是社會的圈外人。

我相信你一定可以舉出許多例子，無論是繪畫、雕塑、電視、電影、音樂、戲劇和文學作品，它們碰觸到你的心，豐富了你對某人或某種文化從未有過的理解。我最近看了一個紀錄片，叫作《我是無名氏》（*I am Jane Doe*），主題是經由Google可以查到的後頁（Backpage）網站進行兒童人口販賣。這個「合法」網站的恐怖故事讓我們看到，因為法律漏洞，使用網路銷售兒童性奴，目前並不是犯罪行為。導演瑪麗・馬濟歐（Mary Mazzio）是美國得獎紀錄片製作人，也是人權律師。她主動接受挑戰，試圖改變這個狀況，因為這部記錄片，華盛頓的國會議員願意聽瑪麗和此片的製作人發言。二〇一八年四月，後頁的創建者被提起公訴，被控以賣淫和洗錢的罪名，網站被美國政府關閉。

藝術的力量強調了全球和文化的藝術創作的需要，也強調了地方上的努力。地方上的藝術計畫、監獄計畫、高中戲劇，甚至是社區讀書會，都在以草根式的散播著藝術的訊息，對於在世界上維持文明、善良和關懷非常重要，這就是同理心的本質。

我也相信你可以在劇院、畫布、書本之外，用其他的方式進行藝術探索，艾倫・愛爾達比誰都瞭解這一點。

愛爾達瞭解真實和虛構的差別，同時熱愛科學，因此花了十二年的時間主持公共電視的紀錄片影集《科學美國邊境》（*Scientific American Frontiers*）。這一系列的紀錄片報導有驚人發現的科學家，愛爾達很快地學到，科學家需要溝通技巧，將自己的工作翻譯成一般人聽得懂的語言。愛爾達能夠理解，如果要一般人理解科學家的發現，科學家必須學會有效地分享自己的發現，溝通真相與本質。

現代最令人惱火的問題之一就是我們對科學的態度變得如此兩極化。地球溫度升高、水面升高、破壞性十足的颶風和水災、幾百萬人死亡，但是討論氣候變遷時，雙方各執一詞，缺乏同理心。一邊認為毫無疑問的證據，被另一方認為是胡說八道。我們要如何瞭解各方觀點，以便往前邁進，保護人類呢？

愛爾達和石溪大學（Stony Brook University）媒體學院的院長霍華・史奈德（Howard Schneider）合作，創建了艾倫・愛爾達溝通科學中心（Alan Alda Center for Communicating Science），致力將演員熟知的溝通技巧教給科學家，科學家很少擁有非常好的溝通技巧。愛爾達認為，兩位演員之間發生的溝通應該是任何兩個人溝通時發生的狀態。

「我愛科學，所以主持了科學節目，我想要從科學家那裡學到更多。一開始，我就明白，身為演員，我所知的一切可以協助科學家把科學知識傳遞給觀眾，讓每個人都可以聽得懂。我發現溝通技巧是可以教的，你可以改善別人的連結能力。」

愛爾達觀察到：「當我們從另一種人的角度看事情時，可能會覺得我們背叛了自己人。」這是部落生活的本質，同理心深埋其中，因為我們對與自己相似的人懷有最強的同理心。我們曾經是部落人，經常防衛自己，不受外人侵略。愛爾達說：「這就回到符號、象徵和文字了，一群人用某些符號來代表某些事物，並形成使用這些符號的人的認同。其他族群可能使用其他符號，可能單單只是使用這些符號便被解讀為與其他族群為敵。我們希望科學的溝通能夠清楚、生動，但是不愚蠢。」

愛爾達開始尋找談論科學的方法，在過程中，發現談論貧窮、健康照顧、全球暖化時，你需要小心的不攻擊到任何人的價值觀，以及他們長期相信的看法。例如，協助佛羅里達州的人明白處理氣候變遷的重要性。「氣候變遷」一詞，在佛羅裡達州是不能碰觸的議題，許多社區的正式文件中甚至不能提起。

有些地方稱氣候變遷為「不方便的水災」。愛爾達說：「這是個新的詞彙，也是真的狀況。」在對話中，愛爾達和科學家並不是要欺騙或對誰不敬。他們明白，他們必須討論事實，而不用堅持用什麼名詞來討論。佛州居民已經看到了，海岸邊比以前有更多的淹水氾濫的現象，而且確實造成不方便，稱之為「不方便的水災」可以做為雙方對話的起點，才能繼續討論問題的急迫性，而不至於卡在堅持要彼此完全同意如何措辭。

這就是同理心的做法——共享心智經驗，承認問題是真的。如果可以因此找出解決辦法的話，我們可以同意暫時用不同的名稱嗎？我跟愛爾達談話時，很清楚的，他的最高目標是用有意義的方式和對方有效溝通，不要陷入分裂的陷阱，而要讓有共同問題的雙方願意一起努力。像是艾倫·愛爾達和戴安·波羅斯這樣的藝術家追隨自己的召喚，找到新的、有創意的方式感動別人，創造共享經驗，讓大家有新的觀點和可能性，探索經驗的本質，讓這些經驗有人性、可以與人共享。

E.M.P.A.T.H.Y. 與藝術

藝術打開了負責想像和創造的右腦。體驗藝術將我們從自我中心轉到另一個經驗，無論這是藝術家試圖引發的經驗，或是我們自己的投射。同理心的七大關鍵是我們處理藝術經驗的要素，也讓我們將藝術激發的情緒帶進日常生活。因此值得我們很快的看一下，每一個關鍵要素如何貢獻並建構我們作出同理回應的能力。

前述已經提過，欣賞藝術品必須和藝術家的作品有眼神接觸。演化讓大部分人類能夠詮釋雙眼送出的訊息，無論我們有沒有意識到這一點，藝術會提醒我們。眼睛就像服裝、化妝、口音、動作或甚至語言，告訴你一樣多的訊息。想一想強尼．戴普演的剪刀手愛德華，你會專注於他哀傷、寂寞的圓眼睛，不亞於注意他可以剪樹籬的剪刀手。或是《龍紋身的女孩》（*The Girl with the Dragon Tattoo*）裡的魯妮．瑪拉（Rooney Mara）所飾演的角色，莉絲白．莎藍德。瑪拉演得很好，完全抓住了剛硬的角色風格，以及冷酷無情的注視。莎士比亞的《哈姆雷特》描述他父親的凝視「像火星的眼睛，充滿威脅和命令」。

這和我們理解並感知人類臉部的能力有關。我們越看，越好奇對方在表達什麼情緒，我們就越能看到他的內在生命。過世的愛爾蘭詩人及哲學家約翰·奧唐納修（John O'Donohue）描述人類臉部像是情緒的地圖。他觀察到「人類靈魂最深的渴望之一就是渴望被看見」。我和肯德爾對話時，他提醒我，腦部用了比其他功能更多的空間來閱讀臉部細節，神經迴路將我們在藝術品上看到的情緒反映成為我們自己的情緒。愛爾達也相信閱讀藝術中的臉的重要性，他認為這個行為來自他的童年經驗。

「我像一個考古學者似的看著成人。部分原因來自我的母親有思覺失調症和妄想症。我必須非常仔細地觀察她，分辨什麼是現實，什麼只是她的現實。大約四歲時，我和母親一起去參加聚會。她站在那裡，一直看著和人行道一樣高的窗戶，然後轉身面對我。我現在會說，我看到了一個憂鬱的人分心的眼神。我記得自己注意著她臉上的表情，試圖弄清楚她發生了什麼事情，她正在經驗什麼。」

愛爾達指出，正確閱讀臉部表情會影響別人如何對待你，以及你如何作出善意回應。有些治療師運用電影、電視和藝術教無法正確閱讀臉部表情的人，例如自閉症患者。事實上，閱讀臉部表情對每個人都會是很有價值的練習。

至於同理關鍵中的姿勢，往往用來讓觀眾對角色產生同理連結。最有名的例子之一就是羅丹的雕塑「思考者」（The Thinker）。一個坐著休息的男子，思緒飄向遠方。他大約一時之間不會想動了。每次看著這個雕像，我就陷入默想。相對的，當我看到畢卡索在藍色時期畫的、有名的〈母與子〉（Mother and Child），我會感覺到母親散發出來的沮喪憂鬱、痛苦和絕望。她抱著孩子，試著保護孩子不受傷害。你能記得某一件藝術品給你的感覺嗎？想一下有名的電影角色、繪畫中，甚至是書籍裡描述的肢體語言，在真實生活中也是一樣，姿勢提供內在生命的線索。一旦注意到姿勢，可以激起對這個人的慈悲和好奇的感覺。

接下來，辨認我們被藝術品感動的情感是什麼，從情緒同理發展到認知同理。神經科學有個說法：「如果你可以說出它的名字，你就馴服它了。」藝術的整個目標就是在情緒上感動人們。你站在繪畫前、聽一首歌、讀一本書或看電視節目，然後眼睛就逐漸感到溼潤了。你可以注意和辨認你在欣賞藝術作品時的感覺，然後把這種感覺帶入日常生活，協助你從情感同理發展到認知同理，提升你對別人感覺和表達同理心的能力。

愛爾達雖然聰明有趣，但是擁有很溫和的聲音，讓《外科醫生》裡的鷹眼成為人見人愛的角色。當你想到心理驚悚電影《寂寞的羔羊》裡的人魔漢尼拔．列克特讓你冷到骨子裡的聲音，想一想音調的效果有多強。相對的，想一想瓊妮．米企爾（Joni Mitchell）、詹姆士．泰勒（James Taylor）、巴布．狄倫（Bob Dylan）的悅耳音調，再想一想龐克教父年輕歲月樂團（Green Day）或愛黛兒（Adele）的聲音。然後想一想另一個完全不同的類型，巴哈清唱劇、喬治亞吟唱、歌詠班的效果，或是伊斯蘭教教長的聲音。用安靜瞭解的音調，接收某人脆弱的故事，或是慶賀另一個人的勝利，都是慷慨的傾聽。把你的音調配合對方的音調，成為一致，也是一種同理心的強大表達方式。

愛爾達跟我說了一個故事。他當時正在演一齣叫做QED的舞台劇，主角是愛爾達飾演的核子物理學者理查．費曼（Richard Feynman）。「我記得戲裡的某一段，費曼說到他坐在時代廣場，想著如果原子彈丟到那裡，破壞會一直延伸到多遠？演到這一段時，加州的觀眾全部安靜下來。但是在紐約，安靜更絕對、更深刻。那時候，九一一事件才剛發生了三週。之後，我們都說我們聽到了安靜，導演說，沒有人呼吸，觀眾不只是靜止不動，他們根本停止呼吸了。一群人的共同回應對房間裡的每一個人都造成影響。有時候，一群人完全安靜比語言或鼓掌還說得更多。」

這是強烈鮮活的一刻，我們可以由此看到，藝術可以教我們如何真正聆聽。整個觀眾都同時有同樣的情緒，並且抓著不放。然而，對大部分的人而言，真正的傾聽能力都發展不足。電影和劇院很擅長創造這樣的經驗，提醒我們，真正聽見別人說了什麼是如此重要的事──還有，要注意安靜。往往，最重要的溝通是沒有說出口的話。

最後，你如何對一件藝術品作出反應？每個觀賞者都有自己的世界觀和生命經驗。同時，所有藝術家也在作品中注入了自己的觀點。我認為，偉大藝術的力量就是提供一座橋，連結個人和更廣闊的世界，讓藝術家和觀賞者分享某種洞見。這有一點像時光旅行，把你帶到另一個時空，看到別人的看法或觀點。藝術家和觀賞者合作，轉化了雕塑、繪畫、音樂、文字和表演，成為受到雙方互動影響的情緒經驗。你的身體何處受到感動？如何感動？這個作品啟發了你的什麼？你可以和你自己的情緒、接觸藝術的身體經驗都越來越調和。一旦你開始練習注意你的身體對藝術的反應，你可能在與藝術家溝通的很多天、很多個月，甚至很多年之後，仍然可以召喚出那些感覺。試著和別人分享你的經驗，他可能需要受到激勵，你可能成為偉大漣漪效應的一部分。

這可能是用藝術鍛鍊同理心的豐富寶藏。我們的反應正反映了我們如何被故事或音樂感動，將我們帶到不同的情緒裡，或是改變我們的觀點。它提升了我們，將我們從只是執行功能的狀態變成欣賞生命的質地與細節、形狀、色彩，協助我們擷取創造力和喜悅。當一件藝術品真正對我們有意義時，我們不但受到感動，產生不同的情緒，甚至可以感動到考慮不同的觀點或採取行動，共享的情緒經驗將我們和類似我們或不像我們的人都團結在一起了。

第十章

領導和同理心的政治

二〇一五年，巴黎發生恐怖攻擊，巴塔克蘭（Bataclan）夜店和巴黎其它地點都遭到攻擊。法國留美學生阿克塞爾．巴格特（Axelle Bagot）當時住在波士頓，正在就讀哈佛的約翰．甘迺迪政府學院（John F. Kennedy School of Government）。她聽到新聞很難過，有一百三十九位法國同胞死於攻擊。那天晚上，她去到波士頓人與學生的傳統聚集地波士頓公園（Boston Common），她希望從一位法國政府官員口中聽到一些解釋和安慰的話。她很驚訝，官員安靜地站在那裡一會兒，沒有說一句話，完全沒有安撫大家。「一千個人站在一起，看著這個人。他沒有為這個莊嚴的時刻出聲，沒有表達我們的痛苦，他不知道要如何處理，乾脆決定不開口。我認為領導者必須能夠對群眾說一些大家需要聽的話，幫助群眾療癒。他可以只是唸出死去的一百三十九個人的名字，或一首有意義的詩，或引述某個人的話，但是他什麼也沒說。」

「他離開舞台後，我們感覺被拋棄，非常失望，站在我左邊的一個男人開始唱馬賽曲（La Marseillaise），我們的國歌。歌聲凝聚了群眾，提醒我們要一起堅強。有時候，當領袖沒有開口，卻是音樂和藝術把我們聚在一起。」

當巴格特跟我說她的故事時，我發現她精準地指出了，面對危機的群眾需要領袖做什麼：他需要有能力辨認情緒、同理民眾、瞭解療癒的力量、重建信心。當悲劇或困難發生了，成功的領袖知道如何團結哀傷的民眾，保持希望。即使在美好時光，有效的領袖也會瞭解，領導不是關於階級、威權、權力或特權。真正的領導——無論你是領導國家、軍隊或組織——都完全依賴整個團體的成功與幸福。

同理領導的神經物質

領導是關於情緒，當我們提到領袖人物時，我們常常引述智慧、直覺和專業能力，但是偉大的領袖非常善於感覺別人的情緒，並擅長管理自己的情緒。企業主管獲得的稱讚往往是不屈不撓、有決斷，政治家則是強硬路線的思考，創業者則是創新與競爭的本質。這些品質只是領導力的一部分。神經生物機制讓大家天生就喜歡表達同理心和慈悲心的領袖。這些特質明顯地會對神經功能、幸福感、身體健康和個人關係有正向影響。凱斯西儲大學（Case Western Reserve）的韋瑟黑德管理學院（Weatherhead School of Management）教授理查・波亞茲（Richard Boyatzis）強調：「組織中缺乏同理關懷會造成各種災難，包括老闆不知道員工、顧客、供貨廠商和社區在想什麼，並且失去他們的心。同時，缺乏同理關懷也會導致缺乏道德關懷，結果降低了大腦預設模式網路（default mode network）的活動。當一個人想到別人、記起過去、計畫未來時，大腦預設模式網路會被活化。」真正偉大的領袖會混合來自共享的神經迴路、敏銳的情緒調和能力，和很快速的、有決斷性的、有創意的心智，找到機會整合並執行計畫──這種組合可能解釋了為什麼我們很少見到偉大的領袖。

丹尼爾・高曼（Daniel Goleman）曾經說過，同理領導可以創造思想和感覺的彼此連結，因而改變領袖和追隨者的腦部化學，高曼稱之為「社會智商」。在化學層次，神經傳導物質腦內啡（endorphin）、多巴胺、血清素（serotonin）和催產素可以提升社會連結，啟發我們，經由開放與合作，信任別人。在神經層次，分享的腦部迴路反映了領袖的思想和情緒，使追隨者模仿同樣的思考和情緒。

對於社會連結，另外兩種大家比較不熟悉的神經元也很重要：梭狀細胞（spindle cell）和振動器（oscillator）。解剖家康斯坦汀・凡・伊考諾摩（Constantin von Economo）首先發現梭狀細胞，因此有時也稱為伊考諾摩細胞。梭狀細胞是特別大的神經元，功能類似同理心的高速公路，梭狀細胞有細細長長的枝枒，延伸到其他神經元，加速腦中思緒與感覺的傳遞。梭狀神經細胞位於前扣帶皮質（anterior cingulate cortex）和島葉，但是只存在於人類、人猿以及其他高度社會化的生物，例如大象、狗、鯨魚和海豚。當人們體驗社會情緒，包括同理心、愛、信任、罪惡感和幽默感，以及自我監督情緒的時候，這些細胞會被活化。高曼解釋，梭狀細胞對同理領導很重要，因為它會激化我們的「社會指導系統」，協助我們做出細微的判斷，在幾分之一秒內，創造領袖和追隨者之間的和睦關係與共鳴。

振動器位於中央神經系統，整合個人和團體內的身體動作。在長期合作的溜冰夥伴之間，就可以看到他們的振動器有同樣的節奏，比較常見的例子會發生在結婚幾十年的夫妻間。造影研究顯示，兩位音樂家和諧地一起演奏時，兩人的右腦比其中任何一個人的左右兩邊的腦子更為和諧。東北大學（Northeastern University）的大衛．狄史丹諾（David DeSteno）的有趣研究也顯示，兩個人只要同時敲打手指，就會對彼此有更多的信任和慈悲。在領導上，振動器在團體中、在領袖和追隨者之間，都能建立生理上的連結，可能形成領袖常見的感染力。大部分員工清楚知道，職場情緒是否高昂，要看領袖的情緒如何。領袖一走進房間，就傳達了他的情緒，以及是否俱備或缺乏我們之前提過的同理關鍵要素：眼神接觸、臉部表情、姿勢、音調、情感和心理回應。領袖的情緒會像病毒一樣，在組織中散布，即使是毫無所覺的旁人也會被感染。

特定的神經迴路，以及大腦和身體中其它相關系統，創造了社會覺知與共享的心智智慧。從所有化學及生物中，冒出來強烈的思考同理和情緒同理，讓好的領袖可以進入追隨者的心裡。同理的領袖和自己的團體、團隊和民眾創造情緒連結，培育信任與合作的文化。他們有能力理解和面對別人的需要，能夠欣賞和運用別人的才華，解決問題時看到別人的觀點，一起做出決定。

當領袖單單從腦子，而不是由心中出發，可能短期能夠達成任務，但很少能夠獲得長期的成功，因為他們在團隊和工作夥伴中激起了恐懼、焦慮和敵意。以生物化學而言，焦慮、恐懼和壓力會引起逃走或戰鬥荷爾蒙升高，例如皮質醇（cortisol）和腎上腺素，以及其他荷爾蒙，增加焦慮和憂鬱的危機，還有過度肥胖及心臟疾病的可能。領袖若是無法傳達同理心，領導就不會有效，反而可能對追隨者造成很大的心理，甚至生理的代價。研究顯示，如果威權式的領袖總是用懲罰來領導，而沒有獎勵，將會降低產能、抹殺創意、減弱動機。

在生理層面，當人類和內在系統達到均衡——也就是恆定性，內在系統將整合並維持穩定的體溫、血壓、心跳和呼吸速度及其他生理跡象。這個現象需要兩個自動的神經系統之間保持平衡，就像汽車的油門和煞車一樣。交感神經系統像是加速器，提升心跳和呼吸速度、血壓、流到肌肉的血液量、臉部情緒表達、說話的音調。副交感神經系統則像是煞車，減緩這些機制的速度。這些機制的腦部控制中心，也就是核（nuclei），位於中腦（midbrain）稱為腦橋（pons）的區域。

生理上精密調和的油門與煞車系統協助領袖領導追隨者，如果他們感覺到追隨者的騷動、不滿、混亂或恐懼，他們不會忽略。即使是在危機中，偉大的領袖也會投射出安穩的神情，用平穩的音調說話，維持同理心關鍵要素。機師切斯利・沙林博格（Chesley

Sullenberger），綽號薩利（Sully），就是個有名的例子。他在一次飛行中遇到風暴，呈現出自我調節的能力。你可能還記得，沙利就是就是被稱為「哈德遜奇蹟」（Miracle on the Hudson）的英雄。他正在駕駛的美國航空公司（US Airways）空中巴士飛機遇到一群加拿大雁，兩個引擎都被撞壞了，但最後他將飛機安全降落在哈德遜河上。他展現了無比的英勇和沉著，用冷靜穩定的聲音向乘客和服務人員宣布下一步的計畫，並成功降落河面。

薩利擁有明顯優秀的自我調節，能夠控制副交感神經系統，得以保持鎮靜、專注，拯救了大家。地面上的飛行管制中心指揮他往左轉，將飛機帶回跑道，他只簡單回應：「沒辦法。」他沒有吼叫、詛咒或變得情緒失控。他專注於自己的任務，以及來自專業技術的信心，沒有讓乘客緊張慌亂，成功拯救了一百五十五位乘客的性命。

同理心、依附理論和領導

許多領袖無法瞭解，員工會將童年依附關係的模式投射到老闆身上。我們每個人的內在，都帶著我們曾經活過的每一個年紀，我們的早期經驗可能不知不覺地受到激發。就像我們都很熟悉的俄國娃娃，雖然從外面看，我們只看到最大的那一個，但是更年輕、更幼小的我們其實藏在裡面。我們年紀大了，隨著年紀成熟了，但是在壓力之下，年輕的我們會出來，取代更成熟的防禦機制。領袖必須瞭解，當人們覺得脆弱時，年輕的自我會冒出來，成熟大人的言行可能暫時變得像個孩子，因為在他們眼裡，威權人物比實際上更令人望而生畏。善意和公平可以重新修復這些關係上的問題。

兒童從小就能敏銳地感受到父母的情緒，因為他們完全依賴父母。而員工很容易投射他們心目中的早期威權人物到上司或領袖身上，並且非常重視領袖的情緒和行為。因為在潛意識層面，員工往往會對領袖表現自己的依附、接納、欣賞和價值的需要。家庭中的一致性、可預期性和同理心會形成安全的依附關係，刺激溫暖和信任的依附荷爾蒙。當領袖表現這些同樣特質時，追隨者會感覺到同樣的情緒。

相反的，如果職場常常強調災難、誇大威脅，也往往是基於早期童年經常感到缺乏控制、害怕被拋棄的心理。約翰．鮑比（John Bowlby）的依附理論主張，對至少一位主要照顧者的強烈情緒和生理依附是健康個人發育的必要條件。八〇%受虐兒童有不正常的依附關係，在壓力下會有無法預期的反應。當然，我們不應該把員工當成子女，但是記得，缺乏安全感時，所有人都需要支持和鼓勵，可是每個人在這方面的需求會有所不同。領袖應當盡量減少威脅，不要使用恐懼和威嚇，用其他方式鼓勵團隊。尤其是不得不讓部分員工離開，去尋求其他機會時，組織必需謹慎處理，保護員工的尊嚴，傳達有希望的訊息，表示員工的才華或技術未來將在另一個地方找到更好的機會。

同理心索引

全球同理心索引公司（Global Empathy Index）常常被稱為「度量同理心的Fitbit[5]」。雖然具體數據仍然不足，全球同理心索引公司認為，同理心可以提升公司獲益。二〇一五年調查指出，索引中一百六十家公司企業裡，排名最高的十家企業比排名最後的十家企業，淨收益高出五〇％。索引分析了公司對待員工，以及和顧客溝通

5 譯註：美國電子公司，製造智能手錶。

的各種因素。

我的同理心研究團隊最近發表一篇調查，挑戰「溫暖與能力之間的權衡」的觀念。長久以來，人們認為給人溫暖的印象與有能力的印象呈反比關係。之前的證據顯示，大家覺得比較善良的人常常被認為比較沒有能力。但是事實上，缺乏同理心的領袖很難維持追隨者對他的信心、尊敬和信任。相反的，大家越來越認為，人際技巧對專業行為非常重要。我們最近在麻省總醫院的研究顯示，參與者認為展現非語言同理行為的醫生比較溫暖（正如我們期待），同時也認為他們能力更強。之前，大家害怕如果醫生呈現自己較為人性的一面，會讓醫生顯得比較不懂那麼多，這一點是沒有根據的。我們的結果建議，人際技巧和情緒智慧會讓人覺得這個人有能力，忽略追隨者情緒的領袖，一起工作時很容易遇到障礙，無法到達共同的目標。畢竟，領袖在領導誰呢？牧師和勵志演講家約翰．麥克斯威爾（John Maxwell）說過：「如果你在領導，但是無人追隨，那你就只是去散步而已。」

同理的領袖擅長管理關係。彼此信任的關係會加強大家接收和處理資訊，以及解決問題的能力。他們是很強的社會黏著劑，創造連結，將團體凝聚在一起，讓大家更容易連結、理解彼此的興趣與觀點。他們建立了安全的環境，大家在那裡可以表達自己的希望和恐懼。這種管理風格會避免處罰和批判。不過，同理的領袖不會扭曲自己以討好每一個人。我的朋友艾瑪有一位上司，她並不喜歡這位上司，但是說她是個很棒的領袖。「我看到她的視野，我知道我有她完全的支持。我不見得想和她一起吃午飯，但是我會追隨她走進失火的建築裡。」同理心讓領袖瞭解追隨者的情緒和心理，瞭解他們的觀點，才能一起懷著更好的視野，找到最好的辦法繼續往前。因為同理心會傳染，所以同理心會導致彼此之間更好的協商、合作和衝突解決。領袖也需要有清楚的界限。更瞭解別人，可以協助領導者拓寬自己的觀點，看到人性的一面，但是並不排除讓別人負起他們應該負的責任。即使在困難和危機中，只要領導者能夠維持他們的角色，便會獲得尊重，追隨者會尋求他的意見。

缺乏同理心與誤導的同理心

有些掌握大權的人很擅長掌控群眾情緒。他們瞭解如何讀取追隨者的情緒溫度。美國大學公共事務學院（American University School of Public Affairs）畢業的記者丹尼爾．康（Daniel Kuhn）描述美國總統大選時，唐諾．川普的選前造勢大會氣氛：「真的，川普的大型造勢有一部分是搖滾音樂會，一部分是美國職業摔角（WWE）比賽。群眾的情緒像是有電流似的。你走進去，大家都很興奮……」記者繼續描述川普如何吸收群眾高昂的氣氛，立刻又拋回去，反覆一再地說：「讓美國再次偉大！」「蓋那座牆！」和「很快地，我們將開始說聖誕快樂了！」房間裡的人都知道他的口號，很開心地跟著一起大喊。

這是領導力的展現嗎？這是同理領導力的展現嗎？甚至，這是同理心的展現嗎？這種領導風格建立在神經科學家稱的「情緒感染」上。如果電影院裡有人大喊「失火了」，就會發生情緒感染。群眾腦子裡的丘腦（thalamus）立即感受到強烈的情緒，對腦子的情緒中心杏仁核送出訊息，激發臉部表達的快速改變，同時也送出其它訊息，使大家的情緒同步。逃離火災時必須利用情緒感染以送出警訊，但是有時也過度刺激群眾，導致傷害。我們應該討論的是，雖然同理心有時可以用在政治領導上，但也能夠被誤用。

同理心是連結人類的黏著劑。我們因此知道什麼重要，人類對什麼有深刻的感覺。用來拓展社區關懷和管理職責時，同理心是我們賴以遵守的指標。如果被高壓威權或操控的方式誤用，或是針對某個族群特別優先使用，同理心也可能導致兩極化、對於圈外團體的毀謗，以及破裂的社會。同理心的誤用將帶來更多錯誤的希望，人民會誤以為領袖激起的情緒感染意味著他真正關心人民。

我們的政治領袖擁有領導社會的鑰匙，在我們彼此連結的世界裡，領袖的決定和行為不但影響我們自己的國家，也會在全球造成漣漪效應。為了自我膨脹、個人榮耀和財富而利用權力位子的人，用恐懼與仇恨影響群眾，實在是社會之恥。目前還不完全清楚，是神經同理能力低的人特別會受到權力位子的吸引而成為這種領袖，還是權力會降低人的同理能力。我猜，喜歡支配別人的領袖，可能同時具有這兩個因素。人類同理心的巔峰就是我們無論膚色、宗教或信念，都能夠同理外國人，將所有人視為人類的成員。經由各種人權與公民自由組織，以及相信民主價值、認為「所有人都生而平等」的人的長期努力，我們已經獲得很多進展，但是還是有很多倒退走的事情發生。

在政治領導上使用——或操控——同理心，曾經導致一些歷史上最具破壞性、最分裂人民的恐怖政權。我們已經看過很多次了，從拿破侖到希特勒，都可以陰險地利用人民的同理心。我們看到領袖運用同理心的陰暗面，知道人民想聽到什麼，然後給人民想要的，即使他們其實會傷害人民。這些領袖會對人民做出承諾，聚集某些覺得被邊緣化的民眾，形成廣大的勢力，即使這麼做完全違反了民主思想和原則。

我們只需要看看二〇一六年總統大選，美國兩極化的程度，就可以看到同理心如何失控了。在我繼續討論之前，讓我先暫停一下。首先我要申明，我並不是要譴責或寬恕任何一邊的選民，我只是從同理心的角度看這次的總統大選，指出在領導力上，同理心的運用——或是誤用，或是完全沒有用到。

讓我們先看一看，美國社會中覺得被剝奪、被遺忘的一群人如何成為支持川普的大潮。二〇一六年選舉的勝利之一，就是讓我們看到了，被忽視的社會成員的名字和臉孔。在選舉之前，川普完全不理會失業、經濟困難、貧窮的美國白人公民的困境。雖然他反對外國移民，號稱支持美國工人，但是報告顯示，川普的企業經常雇用非法外勞，他的口號「讓美國再次偉大！」完全違背事實。他的家族企業販賣的許多商品都在外國製造，川普的惡名遠播，這位傑出的億萬富翁有個壞習慣，雖然他付的工資很低，總是嚴厲對待他試圖說服投他一票的人，但是他卻能夠說服許多覺得自己被邊緣化、被拋棄的人，讓他們以為他能夠感受到他們的痛苦。或許，他只需要在當時鏡像呈現了憤怒與痛苦的人的經驗，就可以碰觸到他們的情感神經迴路。如果有效執行這個伎倆的話，就可以用民眾高昂的情緒淹沒負責理性比較川普競選時說的話和報告中對他的行為描述的前額皮質的認知過程。

川普的「美國第一」口號看似可以認同，但是缺乏真正的同理心。他在口號中置入了美國不再偉大的訊息，可是在他宣布競選之前，美國失業率達到幾十年來的最低，經濟穩定性則達到最高。他這樣做，發現有某個特定族群——中產到低收入的白人——他們的聲音沒有被政治家聽到，他們被債務壓垮了，失去了美國夢。川普看似同理的表現吸引了一大堆熱切的追隨者，他們需要聽到希望的訊息。他們轉頭不看川普欺騙員工的惡行、羞辱選美大賽的佳麗太胖、出手抓握女性的生殖器，只因為他對他們的痛苦顯露出來的同理心假象，這是他們極度渴望聽到的訊息。

川普把提供失業者工作的訊息和許多對特定族群的不尊重和妖魔化綁在一起，使得某些社會成員再度活躍起來，完全無視我們的民主精神與制度。他不是將有需求的人、希望經由努力工作和希望擁有更好生活的人團結起來，他的花言巧語踐踏其他族群的美國夢，例如移民、有色人種、女性、穆斯林以及屬於性少數的人。他假裝對低收入、被遺忘的白人有同理心，川普對「其他人」以及社會中的「圈外人」釋放出尖酸刻薄的敵意。事實上，他展示了同理心的相反行為。他對美國社會中一大堆脆弱的族群展現出蔑視、不尊重和侮辱。

川普引起對墨西哥人、穆斯林、移民和女性的敵意和輕蔑。這還只是他認為是「圈外人」中的幾種族群而已。這使得競選對手希拉蕊·柯林頓說出了最令人震驚的、缺乏同理心的字眼。她說川普的支持者是「一籃子悲慘的人」，用「悲慘」形容川普的追隨者和川普創造的政治平台，而且是用如此自我感覺優越的句子說出來，立刻疏離了好幾百萬的美國人。她沒有瞭解到，政治既得利益者對這些人缺乏同理心，正是許多人被川普吸引的原因。

柯林頓的「悲慘」說法有災難般的效果。她或許是想專注於她認為應該是大部分美國人最重視的民主價值，但是她似乎完全不理解人們對需求的排序——美國心理學家馬斯洛（Abraham Maslow）於一九四三年描述得非常好。因此，她無法和投票者的痛苦形成共享的心智經驗，而是批評他們，假設他們都和她的對手有共同的價值觀。

馬斯洛的理論認為，心理健康必須依序滿足人類天生的需要。大部分的人首先會專注於存活，例如食物、住處和安全，然後才往上滿足更需要省思和哲學的問題，例如種族和性別平等、言論自由和民主。最底端是生理需求，然後是安全，愛與歸屬，自尊，最高點是自我實踐。國際透明化（Transparency Internaitonal）做了一項問卷調查，在重要選舉前詢問保加利亞人，是否願意賣自己的票。超過一〇%的人承認願意，只要二十美元就可以了。在美國，願意賣掉自己的票人之中，幾乎七〇%的人說是因為貧窮。類似的調查在全世界各地進行，都得到類似的結果。可見人們會優先考慮立即的生活需要，而不考慮未來，以至於願意以相當低的金錢代價賣掉非常有價值的特權。

柯林頓似乎無法感受到美國工業衰退的地區、中部、南部和中西部普遍存在的、深刻的不安全感和恐懼。正如馬斯洛的優先順序所示，大部分的人在擔心人權、移民的命運或環境之前，首先需要確定拿得到薪水（也就是自身的生存）。於是，最不幸的事情發生了，她所信仰的民主，雖然是大家共享並讚美的美國價值，卻遭到了取笑，認為是她的優越感表現。共同的立場如此迅速地消失了，「悲慘」的美國人和「雪花」的美國人之間出現了像大峽谷一樣，又大又深的鴻溝。

同時，川普毫無疑問地瞭解傳統美國工人的想法，他用假的同理心，利用他們的恐懼，專注傳遞「我們對抗他們」的訊息。川普利用古老的部落心理，穩固基礎，活化腦部的恐懼中心，創造防衛機制、障礙和孤立。之前幫歐巴馬演講寫稿的莎拉達・派利（Sarada Peri）幫《紐約時報》寫了一篇稿子，做出很棒的總結。

「……雖然國內有很多人感到可怖，『我們對抗他們』的訊息對川普指出是自己人的一小群人很有吸引力。他們沒有興趣聽到他也在乎別人。他們要川普只屬於他們。」派利繼續指出，歷史上大部分最偉大的領袖，從華盛頓、林肯到羅斯福，都採取和川普相反的策略。她寫道：「他們刻意選擇超越我們的基本本能，而是呼籲我們共享的人性。」她也提到，川普不是一般的政治家。結果就是他不用面對正常的同理心權衡與折衷，至少還沒有。他只對忠誠的追隨者說話，他們相信自己終於被聽到了。

快速改變的經濟和外國人的恐怖攻擊創造了川普可以操控的階級分裂，他激活了一群人。長期以來，他們的經濟困境一直被忽略。他很有技巧地將這些擔心和對移民的仇恨、對外國人的懷疑、白人至上者和極右派結合在一起，超級刺激支持者中腦的恐懼中心，使得對其他弱勢族群的同理心成為零和的遊戲。這些不是美國中間人口的價值，但是用合成的同理心和假的諾言，讓覺得被剝奪的人追隨他，相信一旦他成為領袖，可以領導美國，保證經濟安全。現在我們知道了，這要付出極大的人性代價。

因為很多人確實處境困難，川普誤用的同理心以及他的宣傳都很有效果。當他們看著未來，似乎也不會變得更好。根據二〇一六年的調查，一五%投票者把候選人是否「在乎我」列為非常重要的特質，在這一點上，柯林頓領先川普二十三點，幾乎有四〇%說候選者最重要的特質是「會造成改變」，在這些人裡面，川普大大領先六十八點。有沒有可能，美國人並沒有被騙，其實知道川普並不關心他們呢？或許他們只是更想有些改變，而柯林頓對這個族群缺乏同理心，讓改變更形重要了。

前CNN主播法蘭克．西斯諾（Frank Sesno）認為，川普比柯林頓更能有效利用媒體創造的資訊泡沫，散佈他的訊息。西斯諾最為人所知的本事就是提出正確的問題，他在他寫的書《問得更多》（*Ask More*）中解釋道，川普瞭解人民如何在網路上形成同溫層。「他知道在哪裡找到他們，知道如何利用借位思考和更有心機的同理心跟他們說話，柯林頓則是用同一套訊息對全國人民說話。」

有趣的是，如何當候選人和如何當總統並不一樣。維吉尼亞州沙洛茲維爾（Charlottesville）白人至上論者和新納粹主義者攻擊的事件造成幾百人受傷，還殺死了一位和平抗議的人。身為總統，川普責備這起暴力事件的反應太晚了。他的疏於反應對大部分美國人，包括他的很多追隨者，是很清楚的訊息。一開始，他對這起悲劇保持沈默，當他終於有反應時，他說的是「工作可以解決種族主義問題」，再一次地，川普選擇模糊了歧視和經濟安全之間的分界線。

類似的，他對佛羅里達州（Parkland）學校槍擊案倖存者說話時，需要用同理心的「提醒卡片」，表示他在國家最糟糕的時刻，對自己安慰哀傷父母和學生的能力缺乏信心。他對提高可以購買致命武器的年紀一案改變立場，也讓我們知道，他認為誰的擔憂比較重要。

他深深地缺乏同情心，有些人擔心，代價可能是我們寶貴的自由和民主。還有，他持續主張，反對他的人只是「輸不起」，因為柯林頓輸了選舉。這種對民主黨的錯誤描述，降低並且完全輕視它引起的全國警訊——因為他持續否認有氣候變遷、無法接受移民、無視平權而引起的警訊。並且顯示他毫不尊重同為人類的社群。

我聽過有人指出，川普一定能夠表達同理心，因為無論是愛他或恨他的人都必須承認，他跟親人和親人的配偶關係極為親近。我從未親自接觸過川普，也沒跟他說過話，我猜，他可以對他視為自我延伸的人有感覺，也就是他的家人。在二〇一七年七月三十一日的《人物雜誌》（*People*）裡面有一系列的文章，其中提到川普教孩子用的初階讀本，封面報導的標題是「川普家族的祕密與謊言：唐諾．川普教孩子不擇手段地贏。毫不留情的家族文化正在形塑著小唐諾和他的手足，以及美國總統一職。」我們可以推斷，這種教導反映了他的那種獨特的同理心嗎？

川普對不認識的人少有同理心，包括他忠心耿耿的追隨者，甚至是他的政治圈，但是他有能力利用別人的弱點以獲利，讓自己成為他們的領袖。身為候選者，當時的民眾渴望改變，他能夠利用窮困白人的痛苦，創造忠誠和聯盟。但是在沙洛茲維爾暴動事件後，很多美國人希望有同理心的領袖出面，讓分裂的國家再度成為一體，但沒有那種好運。

當然，川普不是唯一無法通過同理心測驗的政治領袖。歷史中有一大堆例子，在美國最近的歷史中，喬治．布希對卡崔娜颶風（Hurricane Katrina）災難的反應就被認為缺乏同理心。在那之後，疏離與漠不關心的名譽一直如影隨形的黏著他，直到他的任期結束。歐巴馬也是，每次有警官執勤而犧牲的時候，他都沒有作出支持性的發言，因而常常受到批評。我已經提過了，希拉蕊．柯林頓對投票者明顯缺乏同理心，使得投票者覺得自己被美國的富足拋在身後了。

很幸運的，我們確實看過一些政界很好的同理心例子。有時候，我們的領袖可以做得很正確。雖然喬治．布希對卡崔娜颶風的反應顯得不太熱心，但大部分美國人會同意，在九一一事件中，華府、賓州和紐約市受到攻擊之後，他的表現可圈可點。他造訪每個被攻擊的地方，直接對美國人民說話，強調大部分美國伊斯蘭是忠誠愛國的好公民，這是正確的。為了少數人所做的事情，責備整個族群，有什麼好處呢？

同樣的，二〇〇八年美國總統大選時，國會議員約翰．馬侃（John McCain）也曾經為對手歐巴馬說話。馬侃正在進行造勢大會，一個女人走上來，對著麥克風說：「我不信任歐巴馬。我讀過他的事情，他不是，不是……他是阿拉伯人。」馬侃立刻開始搖頭，溫和地把麥克風從這位女性手中拿過來說：「不，女士，他是個很好的顧家男人。一位公民，我只是剛好在一些基本議題上和他意見不同而已，我出來競選就是為了這個。」

馬侃繼續為歐巴馬說話：「他很正直，你們不用怕他。如果我不覺得自己會是比他更好的總統的話，我就不會出來競選了。這才是重點。我敬佩歐巴馬議員，也敬佩他的成就。我要尊重他。我要大家都保持尊重，我們要確定我們保持尊重，因為美國的政治應該這樣。」

馬侃示範了真正令人尊敬的領導力，因為他能夠表達自己的價值，卻不汙衊對手。馬侃充滿同理心地保衛歐巴馬的人格，示範了真正的同理心：無論彼此的政治差異都要尊重別人，以人格判斷別人，包括誠實、真誠、言行一致、對人類的尊重。他當時可以藉機侮蔑對手的政治觀點，但是他說出自己知道的、關於對方人格的真相。

領導力的 E.M.P.A.T.H.Y.

寫到同理心的時候，有些作者專注在人類同理心的陷阱，輕視這個人類特質，強調人們傾向於偏心自己的圈子，深深同理自己人，以至於排除了更廣面的、全球的痛苦。

這個觀點似乎過於短視了。遺傳和表徵遺傳（epigenetics）要花很長的時間，才能覺察到部落式的解決方法在今天這個彼此依賴的世界已經不適用了。腦子需要時間才能演化，過時的部落方法導致更多的戰爭、絕望和破壞，世界領袖們需要考慮到，只顧到某一個國家的特定利益，排除因此對全球的影響，並非適合的選擇。我們與其宣布同理心是被誤用的人類特質，更有建設性的思考會是，如何拓展誰才屬於人類家族的概念。誰能決定誰是圈內人，誰是圈外人呢？

打破人與人之間的藩籬的一個方法，是在團體中也運用同理心七大關鍵，而不只是一個人對另一人而已。肢體語言和其他非語言線索都是很好的資訊來源，讓我們知道別人感覺如何。很少微笑、沒精打采的姿勢、能量降低，都提供了細微但是正確的線索，表示他缺乏跟別人的連結。我曾經參加一個研習會，有一萬人參加，整個會議中心充滿無聊和不在乎的能量。我停下來想，這個感覺從何而來？我注意到走廊來走去的很多人面無表情、肩膀下垂。這個會議是九一一攻擊事件發生了幾個月之後舉行的，會議直接進行原有的行程，完全忽略了全國人民對九一一的情緒。完全失敗。

領導者需要在兩個方向都精準運用同理心，才能展現真正的力量。他必須允許觀眾讓領導者知道如何傳遞訊息才好。有效的領袖瞭解，解讀共享情緒的能力是他們同理反應的基礎。他們運用視覺和語言線索，詮釋一群人的心態，他們需要能夠理解大眾的情緒，隨之調整自己的訊息，經由自己的語言和非語言線索傳遞出去，同時維持自己正直、誠實和值得信任的訊息。

領袖和追隨者的眼睛凝視可以特別有力。功能性核磁共振造影的研究中，參與者看到迴避眼神接觸的憤怒的臉，以及直接眼神接觸的恐懼的臉，參與者腦部情緒中心的杏仁核都產生很強的反應。反應很正常，因為威脅會激發防禦機制和無力感與恐懼的早期記憶。這就是為什麼領袖的凝視如此有力的原因。

在團體中使用眼神接觸的心理就和一對一接觸時一樣重要，但是執行上有所不同。對著鏡頭能夠有效說話的人，都能夠眼睛直接看著鏡頭，好像鏡頭是另一個人的眼睛似的，同時避免令人覺得缺乏安全感並且無效的、不眨眼睛地凝視遠方。面對現場群眾時，要掃視整個房間，跟這裡和那裡的觀眾都有短暫的眼神接觸。即使是對少數人瞬息即逝的直接凝視，都可以和房間裡所有人創造連結感，因為這表示領導者不是只看到一群人，也看到了每一個人。

如果你還記得，溝通時，說話的音調傳達了大約三八%的情緒訊息。音調往往比我們實際說出來的話更為重要，可以決定是否有同理溝通。對一大群人說話，或是經由螢幕說話，音調的效果都不會減弱。理查・波亞茲（Richard Boyatzis）在他對有效領導力的研究中，發現領袖即使在宣布壞消息時，如果能夠維持冷靜的音調，就可以有效和受到尊敬。音調受到兩組神經系統控制。一個系統在戰鬥或逃走反應時使用，音調較高，聲音發抖，呈現恐懼和焦慮。另一個系統遇到危險時，音調仍然可以維持冷靜、理性。最有效的領袖遇到風暴仍然能夠維持冷靜，專注於自己可以控制的部分，傳遞出他們正在處理危機的態度，而不是覺得失控。

傾聽全人可以讓領袖將追隨者的參與度和滿意度最大化。研究顯示，尤其是公司需要縮小編制和裁員時，傳達的同理心和慈悲將讓員工對公司、對領導都更為忠誠，甚至是被裁員的員工也是一樣。但是如果不用心，處理得很粗糙，當未來情況好轉時，公司將會很難重新獲得有價值的員工。分享的神經迴路似乎有很長的記憶。

使用你的同理能力時，你動用的不只是積極聆聽，也是慈悲、有反應的聆聽。只要有可能，同理領袖也會專注在共享的心智連結，其重要不亞於他們想要傳達的資訊。即使對方的情緒和他們自己的情緒直接衝突時也不會批判。他們看到情緒，但是不讓情緒控制結果，花時間觀察情緒可以培養敏感度。

企業領袖可能相信，最重要的事情就是他們最迫切的關心，但其實是公司員工的參與度和活力才是企業成功的原因。同理領袖瞭解驅使人們往前的力量是什麼。領袖必須以員工的角度思考，注意對員工最重要的事情：生活的平衡、支持、彈性、目標和尊重與容納的文化。大部分公司不明白，其實薪水反而比較沒那麼重要。

草率強硬的領導者可能認為他們投射出來的是威權。針對企業領導的調查發現，幾乎有四〇％領導擔心自己太善良了，超過一半認為自己需要展示一下威權，才能維持上位。這個恐懼在女性主管心中可能更容易存在。女性天生比較有同理心，但是在某些男性同事身上卻看不到。然而，針對員工的調查結果卻剛好相反，他們發現，更尊重、更文明對待員工的領導比較受到員工尊敬，展現權力的強勢領導反而減弱員工的表現和信心。在企業界，幫強硬、不關懷員工的老闆做事的人常常說，這會減弱動機，讓他們覺得比較不想投入工作。如果能夠在一個他們認為比較慈悲的公司工作的話，幾乎有三分之一會為了同樣的薪水換工作。我們也知道，不斷的高壓可以導致更多心理和生理健康的問題，繼而導致更多的請假、過勞疲憊和生產效能降低。

最終，如果你想要成為有效的領袖，非常值得培養同理心。雖然看起來像是一項軟技巧，但是我們可以經由訓練來學習同理心，而且會達到具體成效。同理領導可以有很強的影響力，團結人心，讓不同的團體一起努力，使世界成為更好的地方。有洞見的領袖瞭解，自己心裡的故事不一定是別人心裡的故事。當領袖有效運用同理心七大關鍵，無論他是在對十個人、一萬個人或一千萬人說話，他的回應都會是真誠的同理關懷。

第十一章

深深挖掘同理心

生活就是如此，有時候你必須往內深入挖掘，才能對別人有感覺。同理心是由生物、教養、社會、個人信念和經驗形成的，因此，每個人都有屬於他的獨特原因，讓他的心有時放軟或變硬。有時候，你需要退後一步，檢視一下，你為什麼在某些狀況下缺乏同理心，同樣重要的，想一下，為什麼別人那麼容易感到同理。

我們已經討論過，大部分人很難同理被他視為圈外人的人。多數人聽到住在遙遠國度的外國人生活充滿掙扎，和聽說比較親近的人，或是像我們的人，或是生活類似我們的人遇到麻煩，不會感覺到同樣的揪心。我認為，無感、無知和不熟悉是我們對這些族群缺乏同理反應的一大原因，雖然確實也有一些種族歧視者充滿偏見，合理化他們為何對這些團體缺乏同理心，驕傲地對任何願意聽的人提出他們的藉口。

本章中，我要談的族群不是對他們被動地無感的人，而是在任何狀況下，多數都不會打開心胸接受的人。我們污名化他們，很少停下來想一想，汙名化造成了他們多少的痛苦。這些族群中的某些人可能就坐在我們身邊，甚至跟我們有共同的DNA。有時候，他們被社會主流排擠到一個地步，當我們走過他們面前時，甚至不會注意到他們的存在。

疲倦的人、窮困的人都來吧……

社會神經科學提供了一個窗口，讓我們看到為什麼我們對無家可歸的現象視若無睹。要感覺到同理心，首先你需要將另一個人視為人，擁有和你相似的思想、感覺和情緒。當某人有某些不討喜的特質，例如骯髒或臭味，就可能在別人心中失去人性，無法對他感到溫暖或是想要幫忙。從社會科學的角度，這個現象叫做去人性化（dehumanization）。

想一下電影《命運．晚餐》（*The Dinner*）。一個無家可歸的女人在街上睡著了，身體擋住了自動提款機的通路，兩個青少年想要使用提款機，卻無法進入，於是放火燒了她。他們把她當成物品，不斷虐待她，直到她死掉。之後，這兩個男孩的家庭相遇了，他們對事件的反應並不一樣。一個家庭認為這是謀殺，另一個家庭找藉口合理化這個可怕的行為，認為這個女人只不過是個麻煩，沒有權利擋住他們兒子需要用的提款機。這個家庭防衛兒子行為的偏激言論令人感到骨寒，他們完全只從他的角度防衛他的權益。

研究已經能夠指出，神經系統讓我們對「極端圈外」的族群，例如遊民和窮人，減少敏感度的過程。科學家在實驗中讓參與者看遊民的照片，掃描顯示腦部被激發的區域和噁心有關。這是你喝到發酸的牛奶或看到一群蟑螂時，腦部被激發同樣區域。同時，社會過程所需要的腦部前額皮質部位不那麼活躍。

有無數的女性被有權力的領袖當作性慾對象，使之去人性化，利用她們的脆弱，在娛樂工業和其他專業中任意擺佈。我們可以看到去人性化是普世的，不見得只是針對極端的圈外人。「#MeToo」（我也是）和「#BlackLivesMatter」（黑人的生命很要緊）運動給了因為恐懼與羞恥而長期噤聲的團體聲音。因性別和種族而變成圈外人的人出聲的勇氣開始摧毀沉默的高牆，曝露出以前受到特權保護的那些把人當作玩物的人，打開同理心的水閘，讓新的倫理和法律標準往前邁進。這些運動帶給我們希望，可以改變人們在二十一世紀如何被對待的命運。

研究也建議，當人們被過度地視為圈外人，他們將被視為和社會疏離到一個地步，他們的痛苦將不再引起任何情緒反應。我們不再將他們的貧窮視為醜陋，而是開始認為這些人本身就是醜陋的。我們無意識地讓自己相信，他們沒有和我們一樣的複雜情緒，例如不舒服、哀傷和憂鬱。也就是，他們不再是人。

不是每個人都會轉頭不看真正有需要的人，只要看一看那麼多協助遊民的組織就知道了。很多善心人士在組織中工作，協助街友。但是，近年來，對遊民的容忍度和理解似乎逐漸減少，雖然遊民的問題比以前更為嚴重。有些專家認為，當問題變得如此嚴重，大家會開始感到疲憊，無法再心懷慈悲，不再以個人或全球的層次理解問題。在某些層面上，社會開始不再認為無家可歸的問題是社會疾病，而是犯罪行為。很多城市有法律不准在公眾場合睡覺、不准遊蕩、不准乞討。如果城市為遊民提供了足夠的住處，那也就算了，但是如果沒有足夠容納遊民的住處，這些法律就太沒有同理心了，否定遊民基本人類需求，例如睡覺、吃飯和上廁所的地方。

然而，雖然證據相反，大部分的人還是認為解決無家可歸的危機是很重要的。公眾議題（Public Agenda）最新調查發現，超過七〇％紐約人覺得，只要有遊民存在，我們就沒有達到國家應有的標準，幾乎有九〇％的人認為，用稅收協助無家可歸的人十分值得，幫助遊民的方法之一是提供住處。這個方法已經在西雅圖、猶他州和芬蘭證實十分有效。其他做法包括職業訓練、上癮戒護、基本精神健康服務。麻省華德漢姆（Waltham）的社區日間中心（Community Day Center）和全美各地其他組織提供住處、輔導諮詢和電話，讓遊民聚在一起，找工作，聯絡雇主和接回應的電話。這些都是具體可行的做法，一般民眾也可以協助無家可歸的問題，超越在街上施捨現金或咖啡，直接解決根源的問題，這些組織也協助遊民獲得他們所需要的生理和心理照顧。

有趣的是，有些人對遊民的關懷，來自他們能夠想像自己也在同樣的處境裡，像是連鞋子也沒有。公眾議題調查的人之中，超過三五％的紐約人擔心自己將來也會變得無家可歸，三〇％的人則有親友正住在街上。我曾經問一位女性遊民，怎麼變成無家可歸的，她告訴我：「故事很長，我從未想過會發生在我身上。我丈夫離開我了，我付不出房貸，房子被沒收法拍了。在我明白過來之前，我就已經住在車子裡了。沒過多久，我就必須賣掉車子。」我想，很多人都在擔心，如果生活裡的一個骨牌倒了，就會一路往下滑。

我之前說過，一旦認識了這個人，就很難不感到同理。如果你看到街上的遊民，或看到難民營的故事，或是認識社區裡被霸凌、暴力對待或仇恨的受害者，你心中感到一絲絲的感慨，何不乾脆採取行動呢？先每個月一天，到社區的遊民之家或送餐家訪服務當志工，一旦參與，你可能會親自認識某人，極度需要找到方法往前繼續。

精神病患

親近關係中有長期精神疾病的人是很艱難的一條路，有許多起伏和轉彎。社會對精神疾病的汙名化使得問題更加複雜，病人感到更加羞恥和自責。在我的臨床工作中，家庭處理精神疾病的方式有三種。一種試著微笑忍耐，希望能夠幫助改善情況，對每一個人而言，花時間與病患相處都很有壓力，但是家人仍然一再地邀請他來家裡吃飯，每次都希望事情能夠比上次更好，大家都知道問題存在，卻沒有人指出來，或是面對問題。我們稱之為「持續的希望」。第二種盡量減少與這個人的接觸，或是完全不再接觸，這種家庭可能有「嚴厲的愛」。第三種是否認，家庭面對情緒異常的家人，變得僵硬無助，他們默默承受痛苦，假裝沒有問題，因為他們無法面對崩毀的現實，知道家人無法自己好起來。他們害怕面對憤怒、哀傷、躁狂或其他失控情緒的親人，把頭埋進沙裡還比較容易。有些家庭試過以上三種方式，卻都失敗了。

這三種方法似乎都有一絲絲的同理心，但是事實上，沒有一種方式是同理解決的方法，這三種方式都顯示家庭對精神疾病的盲目。這些解決方法的共同點就是有人患了精神疾病，可能一再地重複同樣的行為，直到終於有人面對底下的成因：就像癌症、腿斷了或任何其他醫學狀況。治療或治癒精神疾病也需要醫療和心理評估與治療。

如果這個人的家庭無法處理他的精神疾病，社會往往更無法理解。現在仍然有很多人相信，精神疾病是心態作祟，他們相信有精神疾病的人應該停止自憐，行為正常就好了。精神疾病常常被視為個性不好、本質有問題或是操控型的人格，雖然越來越多人瞭解，無法控制情緒、憤怒、暴怒或衝動都是疾病，需要治療，但是社會裡仍然充斥著對心理狀態的汙名化。當人們遇到精神病患時，往往產生恐懼和排斥。

有許多書寫過對精神病患的偏見，尤其是思覺失調症和雙極性躁鬱症。往往，許多精神狀態想要獲得基本的理解都很受挑戰，要取得確定的診斷就更困難。因此，受苦的人往往一直到了生命晚期，才找到精神健康專業人士協助。殘酷的矛盾現實是，在獲得醫學標籤之前，很難理解一個人的脫序行為，但是一旦有了標籤，卻創造了更多的污名。有很多家庭成員告訴我，一旦獲得診斷，他們心裡的負擔就輕了許多，因為家人的異常行為有了合乎邏輯的解釋。這是為什麼對任何有精神問題的人，最同理的解決方法就是儘快取得足夠的專業協助，最重要的是瞭解到，有精神疾病的人需要的是協助，而不是批判。

有些精神病患可以學會辨認自己情緒失控的跡象，他們可以運用借位思考的技巧控制自己，然而，不是每個人都有能力按下暫停的按鈕。其中有各種狀況，有的人無法讀取社交線索，有的人無法預見後果，有的人情緒被激起來了，卻缺乏自我調節的能力。如果一個人剛才對你吼叫、侮辱你、毀謗你，會很難對他有同理心，很可能這個人經常失控，需要協助調節他的情緒。

我發覺，最不適合討論如何幫失控的人尋找協助的時刻，就是吵鬧的當下。當這個人正在發火的時候，處在「紅色區域」，不會有任何建設性結果出現。他的心理充滿各種情緒，無法理性思考。以神經上的描述，紅色區域就是腦部警戒系統杏仁核，在五十毫秒內（也就是「快速道路」）就被激發，而「緩慢道路」——負責思考、推理、計畫的腦部前額皮質——需要大約五百毫秒才能動起來。神經正常的人絕對不會想要像吼叫自己的孩子、配偶或手足那樣的對上司吼叫，這是因為前額皮質在事態失控、害他被解僱之前就會進場，並且按下暫停的按鈕。但是有些人系統不平衡，可能因為任何原因，或是完全沒有原因，就對任何人發火，這種行為導致社交障礙，很難讓人對他有同理心。

整體社會一直在理解和照顧精神病患中掙扎著，治療精神疾病不像治療生理疾病，例如肺結核或肺炎，有些精神疾病在幾世紀以來都無法治癒。過去，精神疾病被併入一些可怕的現象，例如中邪附身和巫術，精神疾病發作時非常可怕，難以瞭解，最容易做的就是逃避、疏遠、批判和汙名化。

在一九六三年社區精神健康法令（Community Mental Health Act）施行之前，嚴重的精神病患都被關在州立醫院裡，不讓民眾看見。當政府諭令以社區精神治療取代舊有的照顧系統時，病人都強制出院，必須自立，在稀少的社區資源中自行尋找醫療照顧。這條法令對於城市和社會都造成極大的挑戰，因為設備不夠，無法理解和照顧精神病患。

你也可以問問自己這句話，「每個人不是應該為自己的生活負責嗎？」是對的嗎？當然。但是有些人永遠無法獲得他需要的協助，因為他們說服了自己以及其他人，他沒有任何問題，或是他們沒有資源可以去尋找協助。悲哀的是，可能幾十年過去了，他們的內在才有足夠的自我慈悲，承認自己的生活不對勁，需要協助。在某些案例中，家人和病患一起假裝一切沒問題。當這種狀況發生，很不幸的，社會無法做些什麼，直到異常行為變得非常明顯，沒有人可以忽視為止。有時候，朋友和核心家庭之外的親戚可以提供協助與支持，因為在家庭裡，根深蒂固的模式和引爆器埋得太深了。

物質使用疾患（substance use disorder）[6]

談到上癮，我們的同理心又受到挑戰了。七位美國人中就有一位在人生中的某段時間裡，有物質使用疾患的問題。我們從目前全美國流行的類鴉片（opioid）危機中知道，物質使用疾患遍布社會，影響幾百萬人，無分教育、階級、種族、就業與否或社經地位。根據總統對抗藥物上癮及類鴉片危機委員會（President's Commission on Combating Drug Addiction and the Opioid Crisis），每一天，有一百七十五人死於藥物過量。

社會各個階層有那麼多人受到影響，為什麼大家無法同理物質使用疾患的患者呢？他們是社會上最被誤解、最受到誹謗的一群人。之前用來描述物質使用疾患的詞彙會造成汙名化，「上癮」、「濫用者」、「濫用」等詞都暗示有意識的慾望，想要使用物質，並因此上癮，於是更被汙名化，使得照顧品質下降。大部分的人不會同情物質使用疾患的患者，可能是因為他們的行為違法，或者大家認為他們如果真的願意，就可以停止使用。就像精神疾病患者一樣——二者經常同時發生——物質使用疾患被視為性格軟弱，只會發生在那些意志力薄弱、人格和道德有缺陷的人身上。但是目前的研究強烈顯示，事實並非如此。

神經科學的新發現已經重新定義上癮，從有缺陷的人格變成生物現象與疾病。我們

---

6 譯註：過去俗稱的「上癮症」。

現在知道，上癮者的腦部和不會上癮的人不同。似乎，當他們遇到類鴉片、酒精或其它上癮物質或活動時，腦部的獎勵中心，稱為伏隔核（nucleus accumben），會被強烈激發，前額皮質會被獎勵系統蓋過去，使得推理、決心、意志和承諾無法發揮。這就解釋了組織心理學家和作者捷若·依根（Gerard Egan）的觀察：「上癮者會願意為了一樣東西放棄一切，而不願意放棄這一樣東西以獲得一切。」有物質使用疾患的人會一再選擇吞下他們明明知道對他不好的物質。這完全沒道理，除非他們無法放棄從物質獲得的暫時釋放或「狂喜」。

有意思的是，物質使用疾患者讓人無法同情的部分原因是他們可能會失去同理心，他們變得完全陷溺在上癮中，不再在乎別人的想法和感覺，包括他們心愛的人。事實上，他們還是在乎，但是腦部同理中心被上癮綁架了，研究顯示，有物質使用疾患的人在臨床上確實顯得缺乏同理心。水牛城紐約州立大學的研究，以及其他研究，都在患者身上找到一種已知的心理徵狀，叫做述情障礙（alexithymia），也就是無法辨認自己的感覺的現象。幾乎四〇％酒精使用疾患的人有述情障礙，一般人口只有七％。現在還不清楚，是患者本來就同理心比較弱，還是上癮導致同理心缺乏。我猜是後者。毫無疑問，物質使用疾患會在神經上，使腦部同理心中心失能。藥物或酒精在他們生命中變得更重要時，患者在情緒上需要設法從生理和情緒狀態中獲得解脫，或是快樂一下。當他們掙扎著管理自己對物質的強烈渴望和戒斷徵狀時，將會在情緒和神經上用盡全力。

然而，這時我們需要記得，對待物質使用疾患者時，同情和同理的差別，同情心哀傷的看到上癮的狀況，同理心則是理解這個人在想什麼和感覺什麼。對患者感覺和表達同理心比同情心困難多了，因為你需要真正的傾聽和連結。同理心不是縱容，同理心是讓每個人，包括患者本身，都知道你瞭解，放棄生理上和心理上都渴望的東西有多麼的困難。復原之路上有一句老話說得好：「人永遠都不是問題，問題才是問題。」

我們都聽過類似的恐怖故事，美國國慶日烤肉的時候，一位叔叔大發脾氣，只是因為他的漢堡肉烤得太熟了，或是一位伴娘喝醉了，跌了一跤，把結婚蛋糕打翻了。我們可能理智上能夠理解上癮的生物機制，但是這樣的狀況仍然讓我們生氣，認為這個人的行為完全令人受不了，不恰當、自私、自我中心。讓我跟你說說強森家的故事吧，或許可以說服你改變想法。

強森夫妻只有一個孩子，莎拉。莎拉是個好孩子，成績一向很好，是學校籃球校隊的隊員，很受歡迎，就讀優秀的大學。大一時，她開始喝酒，畢業時已經進展到酒精上癮的問題。有一天，莎拉的男朋友打電話給莎拉的父母，含淚解釋為什麼他無法待在這個關係中，因為她酒精上癮。

和一些專家談過之後，強森家庭決定在海瑟敦（Hazelden）中心參加家庭戒癮計畫。這是海瑟敦貝蒂福特基金會（Hazelden Betty Ford Foundation）的一部分，協助家庭支持正在整合自己，試圖重新進入社會的親人。計畫執行的方式是讓患者的家庭成員和另一位患者分在一組，不是和自己的家人在一組，而是和其它也有物質使用疾患的人在一組。

在強森的團體時間裡，充滿了眼淚和痛苦，還有挫折與憤恨。家人表達了無法理解和憤怒，他們給自己的兒子女兒、丈夫妻子多少次機會，他們覺得遭到背叛，對於所愛的人願意拋下生命裡的一切而感到驚異。

然後他們傾聽。因為他們和房間裡的其他人沒有關係，強森可以比較容易暫時不做批判，放下自己的情緒。他們聽到和莎拉同樣年紀的珍講到，她對父母說謊，濫用他們的信任，感到多麼羞恥和尷尬。她說到多麼害怕停止使用毒品，因為她害怕失去所有的朋友。珍承認自己無法看到結束戒癮治療之後的路，她無法想像生活裡沒有最可靠的兩樣東西：毒品和酒精。經由珍的聲音，強森能夠聽到他們女兒的故事，她自己永遠無法告訴他們的故事。

莎拉的母親和父親終於能夠從她的觀點理解上癮了。他們開始瞭解，她在酒精的強烈化學力量之前，覺得如此無力。以前，他們讀過許多書，做了許多研究，一直相信女兒只需要意志力和願意改變的心。現在他們瞭解，上癮物質的力量如此強大，能夠改變他們女兒的世界觀，他們也瞭解女兒對於是否能夠過一個乾淨的生活缺乏自信。

強森家庭告訴我，這個經驗永遠改變了他們。他們以前認為，只要莎拉夠努力，就可以更好。現在，有了理解和慈悲，父母學到他們不用為了莎拉的物質使用疾患負責，他們也不用為她的復原負責。從強森的故事裡，我特別喜歡聽到的是，海瑟敦中心運用了同理心練習中的借位思考，家庭成員和沒有關係、但是有類似特質的人坐在一起，聽她的故事，家人能夠採取更為客觀、較少情緒的觀點。比起過去覺得無助時的情緒壓力，他們能夠運用更多認知同理，於是有較少的情緒壓力。

現在社會中，幾乎每個人都認識某人有物質使用疾患，有可能大家可以因而從批判變成理解。如果你能將上癮的心智狀態視為醫學問題，而不是道德瑕疵的話，就比較容易用認知同理心做出回應了。大家將會知道，瞭解問題、支持患者的復原，以及覺得患者可憐、支持患者的破壞性行為和上癮行為之間的差別。

LGBTQ

我還清楚記得一九六〇年代，小學二年級的時候，我和媽媽去藥房，櫃台後面，新的店員看起來像個男人，但是戴著金色假髮，化了濃妝，我記得覺得困惑，他低沈的聲音不符合他的女性打扮，我問媽媽：「這位女士為什麼看起來這樣？」她只是往前看，捏一捏我的手，不作回應。這足以傳達了她的不安，但是沒有提供任何答案。

這是我第一次接觸ＬＧＢＴＱ社群的人，你可能已經知道，ＬＧＢＴＱ包含女同性戀、男同性戀、雙性戀、跨性別和其他性少數人口。現在比較看得到同性戀、雙性戀和跨性別的人，他們比我小時候更有可見度，也更勇於出聲發言。有人估計，大約四．一％美國人是同性戀，跨性別的人口更少，大約〇．三～〇．六％。但是，即使只有〇．六％，跨性別人口仍然高達一千四百萬人。

雖然在日常生活和文化中，LGBTQ的族群越來越有可見度，但是仍然比社會上任何其他我知道的族群引起更多不悅和明顯的嫌惡。這是深植人心的態度。一八九〇年，哲學家威廉．詹姆斯（William James）認為，大家對同性性行為感到的嫌惡是天生的，尤其是男性，但是可能經由訓練克服。其他人猜測，對男同性戀的偏見是從古老的存活本能而來，在設計上讓我們不受到「不像我們的人」威脅。也有人引述生物演化，指出同性的性行為不會產生子嗣。

有些宗教團體認為，非典型的性向是罪惡。有些非宗教的團體則認為，LGBTQ是某種疾病或異常。其他人相信，男同性戀者是叛逆、充滿慾望的大自然變種。正如預期，研究與調查發現，對同性戀最有敵意的人，正是和男同性戀者接觸最少的人，並且住在充滿各種偏見的社區。男性比女性更無法忍受同性戀。一般而言，大家對與自己相同性別的同性戀者表達更多的負面態度。

無論原因為何，對LGBTQ社群的偏見一直都在，造成強烈歧視、霸凌和仇恨犯罪。有些州經由婚姻、就業和廁所的相關法律懲罰這個族群的人，其他國家則以入監或死刑懲罰同性戀。

即使你不贊成同性戀、雙性戀或跨性別，我要請你停下來，考慮一下更同理的回應。我最近參加醫學危機研討會，一位演講者談到瞭解LGBTQ族群的重要性，因為他們的健康問題很容易受到忽視，醫生不知道，也不詢問患者的性向與性別認同。演講者是一位護士，名叫蘇珊，她根據和自己孩子的親身經驗，說了最有啟發性、最勇敢的故事，蘇珊因為孩子，需要知道、理解和同理LGBTQ族群。

蘇珊的青春期女兒愛彌兒上大學之後，第一個學期第一次回家，宣布自己從很小的年紀，就覺得自己是個男孩，住在女孩的身體裡。愛彌兒的父母感到震驚，蘇珊不知道該怎麼想，她聽著，試著不做批判，但是無法遏止地感到困惑、驚異和擔心。她從未碰觸過自己對跨性別者的偏見和恐懼，現在卻在自己家庭中面對著跨性別者。就像強森家庭，蘇珊一開始也覺得她失敗了，對不起孩子。事情完全不是她能控制的。

蘇珊決定教育自己，學習跨性別認同。她學到，大部分的孩子從很小就知道，通常是小學階段，他們的身體和他們真正的性別認同不一樣。他們知道自己的生理性徵（表現型）和性別認同不一致，蘇珊讀得越多，越明白跨性別不是疾病或異常。

蘇珊不只收集事實和臨床資訊，還有意識的決定運用同理心七大關鍵。她和孩子說話時，仔細地感受孩子的非語言線索，他的視線接觸、說話的音調以及情緒，她辨認出自己的情緒，並且放到一邊，完全傾聽孩子表達的情緒，她用借位思考，從孩子的觀點看待事情與世界，讓自己瞭解，住在一個陌生軀體裡過日子有多麼困難。她的情緒同理和孩子的情緒產生共鳴，她能夠脫離自己的觀點，頗為深刻地體驗孩子的觀點。她擁抱共享的心智經驗，然後進入支持與關愛的家長角色。

最後，蘇珊明白她需要哀悼失去了的女兒，並和孩子保持良好關係，無論他的性別是什麼，她的同理能力使她能夠放下自己的願望，對孩子的需要打開自己。這個故事驚人的部分是，很顯然地，這一切對蘇珊而言都不容易，但是同理心和愛讓一切有了可能。她對著坐得滿滿的大廳演講，觀眾都感動到在椅子裡身體往前傾，大廳安靜到可以聽到一根針掉下去，她給我們一個真誠的例子，借位思考和同理心可以如何維護了她所珍惜的、和孩子的關係。

蘇珊的故事讓我們看到，對別人、對人性、對差異保持同理心有多麼重要。我敬佩蘇珊與大家分享故事的勇氣，觀眾都是醫學危機的專家，原本可能批判她、打發她、斥責她，但是最後都起立鼓掌。如果我們想住在一個有人性的社會裡，同理心必須延伸到所有人類。蘇珊很英勇地把自己的願望和夢想放在一邊，打開自己，接受對於愛彌兒是正確的未來，於是將他們的關係發展得更緊密、更充滿了愛。這種故事可以啟發社會，當我們借位思考，就可以看到連結的可能性。

自閉症與同理心

我們很難同理在自閉症光譜上的人，因為他們不會用我們期待的方式作出回應。如果不瞭解自閉症患者面對的挑戰，我們很容易批判他們，把他們視為「外人」。自閉症患者本身就缺乏表達同理心的能力，無法借位思考，社交和情緒溝通異常，他們從很小就有強迫性特質。這些不典型的社會反應，例如缺乏眼神接觸和不恰當的臉部表情，使得別人很難和他們產生連結，結果就是他們往往被視為外人，童年時被孤立。

我們知道同理心是鏡像的現象：當你接收到同理心，在你心裡會放大。但是自閉症患者一般不會對情緒有典型的臉部表情反應。如果你喜愛收看無線電視網（CBS）的電視影集《宅男行不行》（*The Big Bang Theory*），就知道名叫謝爾登（Sheldon）的角色患有自閉症。他總是在詢問別人表現出來的情緒是什麼，然後誤解或忽略別人給的解釋，他給人的印象是冷淡、沒有感情。雖然他的反社會表現常常為他惹上麻煩、受到誤解、傷害到別人的感情，但謝爾登很幸運，他有一群朋友，甚至有一個女朋友，願意忽視他的社交障礙和無法恰當理解社交線索的缺陷。很不幸地，我想許多自閉症患者沒有這麼幸運。

自閉症影響七十分之一的兒童，而且這個數字還在繼續升高之中。診斷包含很寬廣的社會功能限制的範圍，從嚴重的人際困難到比較溫和的缺陷都有。自閉症研究者賽門・巴倫－柯罕（Simon Baron-Cohen）是知名諧星沙恰・巴倫－柯罕（Sacha Baron-Cohen）的叔叔，他仔細研究了自閉症患者腦部的同理心中心神經活動降低的現象。他發現自閉症患者詮釋別人的臉部情緒表達有困難，借位思考的能力也有限，患者缺乏能力，無法理解別人正在感覺什麼，或是對自己反應沒有洞見，結果就是誤解和人格批判。然後，這些可能導致無法建立社交連結，別人不會對他們面對的挑戰有同理心。即使是高功能自閉成人，能夠在某些方面特別聰明、有能力，但是也缺乏社交覺察和精準的情緒解讀，在維持人際關係上有極大的困難。

就像任何一個圈外族群一樣，自閉症患者需要更多的理解和耐性，雖然有時候很難，或許我們可以記得，有些人的腦部發育在生物層面上有所缺損，試著想像，如果你或你的孩子有這個疾病的話，你會希望別人給他們機會，用耐性與他們相處。最重要的，當某人表現出非典型的行為時，我們希望大家都能先想一下，不要立刻下判斷或忽略他們。

找到你自己的 E.M.P.A.T.H.Y.

當同理心最為困難的時候，正是你最需要想一想，是什麼阻止你產生同理心？問問自己，你是否尊重（respect）對方，這個英文字正是「重新看一下」的意思。如果我們尊重對方，就會在第一印象之後，再看一下，試著不帶批判地看待對方，我知道有時候很不容易。我希望同理心七大關鍵可以協助你看到，阻礙自己同理心的障礙物是什麼，然後你可以試著解決障礙，或是當同理心不可能出現時，能夠接受自己。

你曾經真正看著遊民的眼睛嗎？被她眼中流露出來的困惑和痛苦嚇一跳嗎？或是毒品上癮的親友的眼睛，看到他們的痛苦有多麼深嗎？以後請多留意，也請瞭解：自閉症患者和來自其他文化的人可能無法照著你的期待，一直看著你的眼睛。記得這一點，可以解釋某些行為，讓彼此更能互相理解。

臉部表情的詮釋提供很多關於意圖的資訊，仇恨或干擾的行為可能實際上是在求救。你越瞭解一個人，越容易詮釋她如何用眼睛、嘴巴和其他臉部肌肉表達的幽微細節，你越練習，辨認表情的能力就越強。有些人跟我說，即使關掉電視的聲音，他們也很擅長解讀螢幕上人物的情緒，我想他們說得沒錯，想一想戲劇、影集或電影中的角色，個性不見得完美，但是演員能夠把他演成值得同情的樣子，這些都要靠演員的臉部表情達成。

除了眼睛和臉部，姿勢也可以提供觀察的線索。痛苦的人很少能夠站得很挺，肩膀往後，一個人的姿勢往往釋放很多關於情緒的線索。如果你的朋友坐在椅子裡，頭低著，看起來好像身體癱在那裡，而不是坐直了、有能量的樣子，他可能覺得洩氣、失望，甚至憂鬱。

本章提到的某些團體，情感部分會受到損傷，例如在同樣情況下，自閉症患者不見得會有大家會有的、同樣的情感。如果有人受到酒精和藥物影響，或許也不會以典型的方式作出情感反應。在這些狀況中，你無法依靠鏡像反映或你自己的內在本能。如果是熟識的人，即使對方在表達情緒上有障礙，你還是可以理解他的情感，但是在壓力下，還是可能非常困難。教育自己，為什麼有些人反應會和你期待的不同，你才能據此調整你的期待，避免下判斷。在某些狀況下，你能做的最好的反應就是確定你自己的情緒在表達、態度和行動上都很清楚。

我們的溝通有九〇%靠非語言訊息，其中又有三八%的非語言溝通是靠著音調傳達。仔細傾聽，你可能在音調裡，比在文字裡聽到更多的訊息。當物質使用疾患者使用威脅和強烈的字眼時，或許幫自己找藉口，或是試圖遮掩真相，你聽到的絕望可能才是真正的溝通。字眼和操控會讓你不舒服，但是認出了需要協助的音調，知道他想要拒絕接受上癮，就可以協助他踏上復原之路。

對別人全然的專注是最大的讚美或禮物了，傾聽意味著傾聽全人。不只是他們說的話，也是他們說故事的脈絡。放下你的手機，拔出你的耳機，不接電話，你要提出問題，傾聽回答。如果你事先就知道會很有挑戰，找出一段不會受到打擾的時間，讓全然傾聽成為你為這個關係的付出，就像愛彌兒分享他的故事，對父母說出自己真正的認同時，和蘇珊所做的一樣。

最後，同理心七大關鍵中的「你的回應」不僅僅是你接下來會說的話，注意你的身體如何對一段對話作出反應。如果你注意到自己緊繃起來，胃部打結，或是心跳很快，試著做幾次深呼吸，指認你的情緒。如果你覺得焦慮，就說：「我需要一點時間好好想一想。」如果你覺得憤怒，可以試著說：「我現在對你剛剛說的話有很強烈的反應，我需要時間想一想怎麼回應比較好。」如果你跟對方說話時覺得冷靜、沒有問題，對方也會這麼覺得，因為大部分情緒是互相的。不過，如果你面對的人無法表達他們自己的情緒，你可能注意到你的反應，給對方一個機會，聽他怎麼說。這就是實際運用同理傾聽，你可能注意到，一開始的緊張感覺會逐漸變成更平靜的身體狀態，以及更好的連結。

感覺存在我們之中的怪物

真正的邪惡行為不會引起同理心，而是激起恐懼、噁心和憤怒。這些包括謀殺、性侵兒童、納粹和暴君。我無法說這些人不值得任何同理的好奇心，去理解是什麼讓他們做出這種行為。但是我會說，他們確實挑戰了我們同理能力的深度。

例如，本身就對別人沒有同理心的人，他們可以操控別人跟隨他，當他們的行為後果曝光之後，我們很難對他們有任何正向的情緒。他們讓我們懷疑：為什麼有人可以這樣做？如果我們對他們的背景知道得更多，知道他們過什麼樣的生活，我們會發現他們也受過同樣殘忍的對待嗎？身為肢體暴力、仇恨或心理操控的受害者，就讓他們有藉口做同樣的事嗎？讓他們更值得原諒嗎？還是說，這些人有神經上的缺陷，有基本的缺失，這種缺失可以作為邪惡行為的藉口嗎？

神經科學研究者發現，社會病態者的同理心的神經機制似乎受損。芝加哥大學神經科學家，也是爾文哈里斯名譽教授（Irving B. Harris Distinguished Service Professor）的金・狄西提（Jean Decety）做了廣泛的研究，認為社會病態者沒有同理心，他們的腦部確實和典型的腦部不同。他們往往無法辨識受害者臉部的恐懼表情，可以不受哭聲和痛苦呼喊影響，他們對別人的痛苦沒有分享的神經迴路，或是同理能力。社會病態者可以輕易地傷害別人，不會有良心衝突。我們目前還不清楚，這種缺陷是天生的或後天養成的。

賽門．巴倫－柯罕說明了反社會人格的跡象，指出心理變態和社會病態者都具有這些跡象，包括欺騙、衝動、攻擊性、完全不顧他人安全、不負責任、無法遵守社會或法律規範、無法懺悔。我們無須尋找，在夏洛特威爾示威事件中就可以看到這些人格跡象，一位充滿仇恨的白人至上極端份子，故意把車子開進一群示威者中間，殺死了一位和平示威的年輕女性。這種人仇恨別人，毫無同理心，構成我們社會的嚴重危險。

世界歷史中也充滿這種人，對少數族群充滿極端的仇恨與敵意，結果害死幾千萬的人，他們用的手段是用去人性化和邪惡化對付圈外人，直到殺死這些人也是合理的。我們要如何開始瞭解希特勒、史達林、列寧、毛澤東、賓拉登或其他在盧安達、亞美尼亞、南斯拉夫進行種族清洗以及敘利亞大屠殺的領袖呢？或是對於泰德．邦迪（Ted Bundy）或約翰．韋恩．蓋西（John Wayne Gacy）這樣的心理變態連續殺手，我們能夠有怎樣的同理心呢？我們知道心理變態的人缺乏同理心，恐怖份子行為背後是什麼原因？新納粹主義者和三K黨的成員呢？虐待動物的人？這些人是怪物嗎？誰能說做過暴力行為的人就不值得同理呢？

你可以看到，或許問題遠遠多於答案。但一件事情是確定的：對某些人更難有同理心，非常非常難。但是我們必須小心，同理心是一條滑溜溜的下坡路，如果我們決定某些人或某些團體不值得同理，那麼，紅色警戒線在哪裡？會不會延伸得越來越遠，直到同理心成為例外，而不是常態呢？即使在最困難的例子裡，也必須先去瞭解，才能下判斷，但是，瞭解並不排除他應該負起的責任。無論我們是否瞭解為什麼他做了這麼可怕的事情，後果是根據行為而決定的，瞭解暴力的態度，如果我們想找出有建設性的、正向的方式，讓社會往前進，傾向和行為從何而來是有其必要的。

第十二章
自我同理心

我想像你有一位好朋友正在經歷某種困難，你會趕快去陪伴她，提供愛、支持和理解，而不會批判她嗎？身為真正的朋友，你會對她說善意的話，傾聽她說的話，用安慰的音調對她說話，不會讓她感到羞恥或責備。為什麼有這麼多人，不願意提供同樣的善意給自己呢？每次我們犯了最小的錯，似乎都會自動地開始自我批判，我們會立刻批評最小的錯誤。我們很驕傲自己可以對別人表現善意和慈悲，但是對於自己每天早上鏡子裡看到的人，卻認為同理關懷是軟弱的表現。

是時候我們該放過自己一馬了。

本章節將專注於自我同理。你說，自我同理？同理心不是應該針對別人嗎？這不是很矛盾嗎？如果我們檢視同理心七個關鍵將會發現，我們很少運用在自己身上，來感覺自己的情緒。

大部分人不會時常分析自己的臉部表情和姿勢，生氣的時候，也不會指認我們的感覺。或許我們應該這麼做，允許自己大哭一場，可以淨化情緒。荷蘭研究哭泣的專家凡吉赫伊茲（A. J. J. M. Vingerhoets）的研究發現，看了九十分鐘令人飆淚的電影之後，好好哭一場的人，情緒比看電影之前還好。凡吉赫伊茲解釋，哭泣可以讓人有效地從強烈情緒中恢復過來，因為哭泣和哀傷的表達跟我們自己真實的感覺連結得更深，哭泣也會協助我們對別人感到同理心和慈悲。

我們也知道，指認別人的情感或情緒，例如「他看起來很快樂」或「她看起來很哀傷」，可以協助我們對他們有更大的同理心。指認自己的情緒時，也是如此。如果我們被強烈的情緒淹沒，例如憤怒、恐懼或噁心，指認情緒將協助你自我調節，知道這只是一時的情況，這不會永遠的定義你，它讓我們的前額皮質（負責評估情緒）可以和情緒保持一點點距離。

或許，最重要的同理關鍵就是「你的反應」。一點也不意外，我們會將許多情緒表達和身體連結，我們的身體是表達情緒的工具，害怕時心跳加快、戀愛時瞳孔放大、緊張時胃裡打結。細細感受身體的反應，我們可以從中學習指認和尊重需要自我照護的部分。這是管理健康、情緒和關係的重要技巧。

一開始可能覺得奇怪，發現「你的反應」指的不只是你對別人的反應，也是指你對自己的經驗反應。一個理解方式是主動詞和被動詞的差別。主動詞的「我」（I）負責觀察，被動詞的「我」（me）則是採取行動並被觀察的那個「我」。例如「我（主動詞，I）明白他的話真的傷害到我（被動詞，me）了。」這個觀察不會定義我的整個人，而是觀察到有人說的話傷害到我了。我（I）是觀察者，觀察到我（me）發生了什麼事。我們需要學習更多關於自己的情緒，瞭解自己感覺的關鍵就是來自你的反應。

瞭解自我同理

我們抗拒練習自我同理的一個原因，就是我們將自我同理誤認為是自憐了。我們認為自我同理是柔軟委婉的說法，其實就是自我陷溺。差別在於，自我陷溺可以變成有破壞性的力量，讓你陷溺於任何你覺得舒服的事物，即使可能有不健康的影響，例如過量使用食物、藥物或酒精來麻痹感覺。自我同理需要更大的自我覺察、紀律和對自己痛苦的敏感度，同時承諾找到有幫助的解決辦法。自我同理是承認自己像所有人一樣，值得理解與慈悲。真正將自我同理發揮到極致，你必須願意運用自我同理，即使你被自己絆倒，犯了錯誤，讓你覺得丟臉，或寧可自己待在家裡不出門。這是在練習謙卑，需要承認你是人，人都可能犯錯，錯誤是人類經驗的一部分。

當你對自己有同理心和慈悲心的時候，你將能比較自己的經驗和別人的經驗，承認無論你的麻煩和擔憂是什麼，別人都曾經體驗過了，並且值得慈悲以對。這是終極的借位思考，你從自己的觀點，懷著慈悲看著自己。同樣的，瞭解別人如何思考和感覺，會讓你不至於太嚴厲的批判他們。把同樣的風度用在自己身上，讓你不至於在自我批判上走得太遠太深。這並不表示你比別人更優秀或更值得，或是你的錯誤應該不受到挑戰。自我同理不是讓你逃避責任，也不需要道歉，說你讓別人失望了，自我同理只是說你就像別人一樣，即使犯了錯誤，還是值得同理關懷、愛和照顧。當你學會更能慈悲對待自己的時候，你也學會了用同樣的善意對待別人。這就是同理心的循環了。

在今天的世界裡，自我同理是不被重視的心理能力，事情出了錯，我們總是沒有給自己心理擁抱，因為我們不肯降低標準，或是一直認為自我同理等於自我中心、陷溺或懶惰，但是相反情況才是正確的。研究顯示，有自我同理傾向的人比較不容易自我責難，不會整天躺在沙發上，爬不起來。在性格測試上，自我同理和許多正向特質有強烈相關性，例如動機、韌性、創意思考、生活滿意度和對別人的同理心。相反的，跟自己過不去的人會在性格特質上，與敵意、焦慮、憂鬱有關，並且有較低的生活滿意度和較少的外顯同理行為。也就是說，我們對待自己的方式，往往也是我們對待別人的方式。

傳統上，同理心被認為是讓我們理解並分享別人的情緒經驗的特質。我們認為同理心是好的人際關係的主要元素，但是我們不見得會如此對待自己。讓我們改變這個想法吧，你對自己表達的善意和理解就像飛機上的氧氣罩一樣，你提供別人同理心和慈悲之前，需要先「拉下氧氣罩」，自己好好吸一口。

研究慈悲的克里斯汀．聶夫（Kristin Neff）最近對自我同理概念做了一些開路先鋒的研究，他將自我同理分為三個元素：自我善意、共享的人性、正念。

自我善意就是練習理解和原諒自己，包括失敗或痛苦，對自己溫柔是自我同理的重要部分，因為你將因此不至於過度嚴厲的批判自己。自我原諒的態度不是創造一個自我中心的世界觀，反而是對自戀的最佳防禦。你可以從錯誤中學習，繼續往前，而不是累積錯誤，用有如山高的懷疑埋住信心和自尊心。

共享的人性指的是你明白，自己的經驗是更大的人類經驗的一部分，而不是獨自孤立的事件。共享的人性可以培養自我同理，因為它提醒我們，我們並不孤獨，甚至我們的失敗也不孤獨。教皇亞歷山大（Alesander Pope）曾說：「犯錯是人性……」但是我們不要忘記這句話的第二個部分：「原諒則是神聖的。」一旦明白痛苦和個人的不足是共同人類經驗自然的一部分，你就可以原諒自己並繼續往前。

最近十分流行正念，正念就是指認思緒和感覺，但是不作出反應或批判。從第三者的角度，客觀評估自己腦中的想法，讓你獲得自我覺察，理解真正的自己，和自己的思緒與感覺之間的差別。就像坐在劇院包廂看戲，舞台上演的是你的思想和感覺，你變成戲劇的觀察者，而不是演員。於是你可以自由考慮，對於生活中發生的事情有不同的信念和態度。

自我同理的三個元素中，關於正念的研究最多，大家也最能理解正念。正念能夠受到這麼多的注意，原因是在理論和實驗上都與心理健康有關。正念可以協助我們更有效地自我調節情緒，研究發現，經常進行正念活動可以提高專注力、覺知和不帶批判地接受當下的經驗。正念讓腦部習慣更能控制專注力，協助我們專注於重要的事，精確調整我們的能力，必要時可以更容易將注意力轉移到別的事情上。我們知道，當人覺得處於核心，可以寧靜過日子時，或是分心、情緒失控時，他們接觸世界的方式非常不同。

神經造影研究發現，經常進行某種正念靜心的人的腦部和其他人不同。每天練習靜心的佛教和尚，腦部認知和情緒中心的皮質會增厚，使他們對情緒刺激比較沒有反應。剛剛開始練習靜心的新手，在八週內也有同樣的腦部改變。有一些研究結果很有趣，參與者頭部連上腦電圖（EEG）機器，將腦部電流活動翻譯成腦波。靜心的人一直有穩定的阿爾發波（alpha wave）活動，代表比較舒緩的代謝率，例如心跳較慢、呼吸較慢等等，他們也有比較高的西塔波（theta wave），因此科學家認為和情緒較平穩與休息狀態有關。

雨滴效應

你有沒有看過卡通裡，一個角色被人追到懸崖邊，掉下去了，在半空中掙扎？它需要幾秒鐘才明白，腳下什麼都沒有，然後才感到慌張，最後掉到地上。

我在做心理治療時總是愛用這個比喻，有時候，一個人不知道自己已經沒有資源和支持了，直到他發現自己在半空中，沒有任何東西支撐著他。

我的朋友法蘭克．西斯諾的妹妹有唐氏症，你可能知道，唐氏症是遺傳異常現象，患者有嚴重的心智障礙和低智商。他的母親是社工，在殘障機構工作，大部分時間就是確定患者獲得良好照顧。我之前已經提過法蘭克了，他清楚記得妹妹的障礙對母親而言有多麼困難，她無法一直處理得很優雅。

他說：「我很想用同理心這個詞，但是她有時候對我妹妹不太好，不太善良。」

法蘭克強調，母親愛著有特殊需求的妹妹，就像她愛其他孩子一樣多。但是漫長的一天、沒有人幫忙、困難的婚姻使得她極為疲憊耗損。即使只是個孩子，法蘭克也感覺得到母親情緒上常常已經耗盡了，因此很沒耐性。有時候，母親對待他的妹妹很嚴厲。他記得自己希望母親給個案和個案的家庭有更好的建議，不要像她自己在家裡的表現這麼糟。

這個景象十分常見，照顧者沒辦法好好對待照顧的對象。調查顯示，選擇照護工作的人真心關懷別人，但是太長的工作時間、缺乏睡眠和太高的情緒負擔掏空了他們的同理能力。他們並不是沒有專心照護被照顧者的安全與幸福，法蘭克的母親絕對在乎自己的女兒，但是他們的情緒就是損耗殆盡了。法蘭克身為記者，從各個家庭成員的角度觀察這些動力，使得他特別擅長借位思考。

長期自我忽視會磨損接收或回應別人需求的能力，因為我們藉以做出同理反應的資源減少了。你必須幫助自己，然後才能幫助別人。當你自己的需求被滿足之後，你就比較不容易分心。告訴我，當你覺得疲憊、飢餓、沒力氣、脾氣糟糕的時候，你能夠對某人或任何人展現多少的同理心呢？

當身體取得平衡——科學家稱之為恆定性（homeostasis）——時，我們對別人的同理心和慈悲心最強。在理想的世界裡，壓力荷爾蒙——皮質醇和腎上腺素——濃度一直保持很低，直到發生警急狀態，我們才需要做出回應。但是如果一直有心理或生理壓力源，皮質醇和腎上腺素的濃度就會保持很高，就像我們一直處於緊急狀態一樣。

當生理恆定失衡（allostasis）發生，身體為了重新取得恆定，會對壓力源產生反應，在這個過程中，腦部同時是做出反應的一方，也是壓力的攻擊目標。如果你一直辛苦工作，都沒有回到恆定狀態，生理恆定失衡的負擔始終很重，就表示你每天都在產生過多的神經傳導物質和荷爾蒙，往往超過實際的需要。這會引起心臟和腦部的血管發炎，轉而讓你可能有健康問題，例如高血壓、高膽固醇、脂肪囤積增加。因此，有越來越多證據顯示，高壓、情緒異常和心臟病、血管疾病以及其他系統異常有關。焦慮症、憂鬱症、敵意和攻擊性的狀態、物質濫用、創傷後壓力症候群的患者，生理恆定失衡的負擔都非常重，我們也常常看到化學失衡，甚至腦部組織萎縮。

很高的生理恆定失衡可以發生在細胞層次，甚至是分子層次，對你產生影響。基因並不是靜止不動的，基因經由表徵遺傳過程，根據你和環境的互動而表達出來。例如，你可能天生有某種退化性疾病的基因，但是如果你有良好的健康習慣，好好照顧自己，基因可能從未表達出來，所以環境可以影響基因表現。經常處於壓力之下，忽視良好健康習慣，會對細胞造成很大的生理恆定失衡的負擔。研究顯示，這會導致基因尾端——稱為染色體端粒（telomere）——縮短，研究也顯示，縮短的染色體端粒和健康不佳以及壽命縮短有關。

我常常看到有人忽然發現自己像卡通角色一樣，掉下懸崖。這些人缺乏自我覺察，他們總是認為，他們必須完成別人的每一項要求，即使看起來像是又一個很大的負擔，還是會攬起責任。一直到了腳下什麼都沒有，只有空氣的時候，才開始注意到他們和他們最愛的人之間的互動正在破裂。若是一個人經常處於張力與壓力之下，表示完全缺乏自我照顧。

對任何人而言，經常覺得疲憊不是正常或健康的狀態。不久之前，我在麻省波克夏（Berkshire）克里帕努瑜伽健康中心（Kripalu Center for Yoga and Health）參加一個自我照顧工作坊。我發現自己身處四十位女性之中，她們全都有令人無法置信的工作量，外加家庭責任。我們都壓力很大，非常疲憊。我親眼看到，我們都需要偶爾花一些時間，按下重新設定的按鈕，這是非常重要的。在這裡，我也體驗了如何經由身體動作感到喜悅，在大自然中走動增強我們的活力，經由愉快的瑜伽舞蹈課程活化我們的身體。

當易怒、無法撐住成為生活常態時，就該拿起鏡子看看自己，問自己，你是否失去了同理自己需求的能力。自我照顧不但能提升自己的幸福感和活力，也可以讓你更容易相處，成為更好的伴侶、朋友、同事或父母。我們一旦學會練習自我照顧，開始對自己不那麼嚴厲，就創造了很大的漣漪效應。如果你更能覺察自己的感覺和需求，你就能比任何和自己不調和的人更能管理你的睡眠、歇息、運動、行動和食物。

法蘭克的故事有一個很好的結果。看著他母親的例子，法蘭克產生了非常強的同理別人的能力，他成長時，試著不帶批判地理解所有家人的觀點。我相信這個經驗幫助他成為世界級的觀察家和說故事的人，因為他發展出很強的借位思考的能力。

心智戰勝雜音

自我同理的最大障礙之一就是對自己感覺太糟糕，竟然相信自己不值得被善意與慈悲對待。這種心態往往導致擔憂、焦慮和自我懷疑。正念協助你對抗負面思考，把腦中的自我批判放在一邊，直到你能夠評估它，把它放在適合的脈絡裡去。

有些人對生命的態度天生就很正向，很自然地會有正念思考，其他人則會抓住令人喪氣的過去，以及災難般的未來。悲觀的傾向是人類本質的一部分。悲觀主義源自史前過去的遺跡，那時的祖先更需要警覺危險，而不是停下來聞聞花香。因此，當我們面對尷尬的社交情況時，就像正在被老虎跟蹤一樣，我們的心臟在胸腔中一直猛跳個不停。在現在的世界裡，我們遇到的是情緒上的「老虎」，而不是生理上的，但是我們的心靈同樣感到受威脅。威脅代表危險和不適，刺激杏仁核和邊緣系統，釋放一大堆皮質醇和其他戰鬥或逃跑的神經化學物質。

如果你有非常批判和嚴厲的父母，內在的批評和霸凌聲音可能很大聲、要求很多。你甚至可能找到能夠符合腦中聲音的上司、工作或配偶，無意識的再度強化「你不夠好」的訊息。這個陰險的模式可能終身不斷重複，還可能傳給下一代。雖然一開始是保護機制——學習自我批判可以讓你比別人早一步檢討自己——自我批判的真正問題是，一旦用途消失了，它還是在那裡，造成傷害。小時候，某些負面的自我對話可以協助你避免惹上麻煩，或是努力克服自己的缺點。現在身為成人，你可以選擇，或是聽從它，或是忽視它。如果你的內在批判太大聲、太無情，變成一種執念，認知行為治療會是一個很棒而且可靠的心理治療方法，可以重新制訂、重新整理你的想法。如果自我批判的根源來自困難的童年動力的話，心理動力治療就很適合你。心理動力治療幫助你處理你的經驗，在療癒、治療的關係脈絡中，回憶並哀悼過去的不好的經驗，協助你療癒並復原，認知和情緒同理是心理治療的基礎。

將你的想法和情緒與你自己分開，協助你對抗自我批判和霸凌，教你和「你不夠聰明」、「你不夠好」的訊息保持距離。當你選擇不在乎這些訊息時，你可能開始用自我同理，在更深的層次，處理負面訊息和批判，用不批判的方式評估這些訊息，不要立即陷入自我批判，正念教你慢下來，深呼吸，冷靜檢查你的反應。

從我自己的經驗舉個例子。

我剛開始做專業演講的時候，一位被視為業界巨人的精神醫學教授來聽我演講，他坐在房間後排座位，我一開始講，他就瞇著眼睛皺眉頭。他動來動去，顯然不喜歡我的演講。我完全不知所措，我的手掌開始冒汗，我可以感覺到心跳很快，呼吸也越來越快了。全是典型的、生理上的逃跑或戰鬥反應。他為什麼要有那個臉？他覺得我不知道自己在講什麼嗎？我真的知道自己在講什麼嗎？

之後，他走過來，恭喜我「講得很好」，請我把內容寄給他。原來他忘記帶眼鏡了，完全看不清螢幕。

我們的腦子很會說故事！當時我剛開始教精神醫學，他是我選擇的行業裡備受尊崇的大人物。我根據根本不熟的人臉上的表情，編了一個故事。正常來講，我們有能力精準詮釋臉部、身體和聲音，這是我們形成同理回應最有價值的能力。但是，有些狀況裡，尤其是在權力不平衡的關係中，我們可能誤解眉毛揚起或嘴唇顫抖的意義。在這個例子裡，我認為教授表情不耐煩是正確的觀察，但是我的詮釋是錯的。

擔憂其實是一種儀式性的重新保證，你想像所有可能發生的負面情況，以及各種從中脫身的方法。焦慮思考是在試圖安撫腦子，但是你越是這樣做，越加強了這種認知習慣。有些問卷調查顯示，幾乎八五％的時候，你擔心著沒有發生的事情。考慮一下，你浪費了多少心靈能量。讓腦子安靜的好處很多，其中之一就是減少腦中拆自己台的雜音。正念翻轉生命的劇本，不是改變你的想法，而是改變你和這些想法的關係。

採取比較自我原諒的做法，讓你可以有覺知地站在情況引起的情緒之外，避免情緒失控，以及繼之而起的自動化負面分析與適應不良的反應。最近的埃默里大學（Emory University）研究顯示，接受過正念訓練的參與者詮釋眼神接觸、預測別人在想什麼的能力都改善了，這兩種能力都是同理精準度的判別標準。

如果某人對你反應很糟糕，或是說了侮辱你的話，可能讓你情緒變得負面，思緒陷入高度自我批評的循環。正念思考可以對抗自動化思考，預防你過早下定論。對方不開心的原因很多，不見得跟你有關。或許他本來就是一個嚴厲批判的人，或許他那天過得很不好，或許他心裡有事，或者他就只是視力不好。

遇到不順利的事情，請原諒自己，這是放下傷害與怨恨最有力的方式。即使你的批判有一些正確性，也無所謂。過度自我嫌惡的對話根本不應該存在，你總是可以找到更善良、更溫柔的方式對自己說話，避免嚴厲的標籤和自我毀滅的心態。你可以承認你做錯了，但是不要忽視你做得很好的部分，或是知道你下次可以如何做得更好。喜歡擔心的腦部尚未學會欣賞活在當下，不知道如何公平地看待自己。你可以注意到你的想法，但是你不是你的想法，學會從包廂座位觀察它們，選擇你要如何回應。

我們需要去哪裡？

在我的醫學領域裡，耗竭已達傳染病的程度，超過一半的醫生至少有一項耗竭的跡象，例如疲憊、物化別人（不把別人當作整個人看，而是物品）、工作上失去有效的感覺。護士的耗竭率更高。初步數據顯示，大部分人一開始進入醫療專業時，都有高於常人的同理心，但是還在受訓時就已經開始減弱，甚至在醫學院的第三年就已經開始了。但是，一項芝加哥大學的最新研究顯示，醫科生似乎可以穩定維持認知同理心，但是情緒同理心則在嚴苛強烈的訓練下逐漸減弱，他們很少有可以處理壓力的出口，也缺乏訓練，無法管理困難的人際互動。

很幸運地，醫科生的認知同理心似乎佔了上風，大部分的醫科生在生理和情緒疲憊時，仍然可以保持認知同理心，以便提供慈悲的照護。念完醫科之後，實習醫生和住院醫生持續有普遍的耗竭現象，甚至在訓練結束之後，也不會完全恢復到原本的活力。我們知道一般住院醫生每天花兩小時在病患身上，但是卻花六小時和電腦裡的數據互動。除了這麼多電腦時間，以及必要的、無休無止的診斷和治療複雜的醫學狀況所帶來的壓力，還要在門診時過度專注於電腦上的紀錄，使得臨床醫師沒有時間練習同理心的關鍵要素。

或許你最近去門診時，有這種經驗：醫生問你一大堆問題，把你的回答紀錄下來，她一直坐在那邊打字，她有多少次是抬頭看看你的眼睛，表示她瞭解你主要的擔憂，而不只是你當天的主要抱怨呢？大概不常。

缺乏眼神接觸，或沒有注意你的情緒擔憂，可能讓你覺得自己只是像一個數字而已，而不是一位病患。想像一下，你的醫生也感覺如此。大部分醫生也不想這樣敷衍塞責，當你的醫生匆匆忙忙查看清單，只專注於你的疾病徵狀，而不是傾聽全人，你和醫生雙方都失去了一些人性。人性曾經是定義醫學的主要精神，你們雙方都錯失了令人滿意的人際經驗所引起的多巴胺大爆發。

數位健康紀錄確實有其優點，但也可以成為醫病之間的障礙，在醫病互動中，眼神接觸、肢體語言和其他同理關鍵要素都消失了。對每一個人而言，這都是個不好的經驗。醫生覺得疲憊，對工作越來越不滿意，病患也越來越不滿意和健康照顧系統的互動，超過八〇%的醫療失誤官司都是溝通不良的結果，病人覺得醫生缺乏同理心。許多人正在努力強調健康方法，為了醫病雙方的益處，專注拓展同理能力。

本書之前提過我的朋友阿弟。他認為教醫科學生正念是解決問題的重要部分。二〇一四年，阿弟在喬治城（georgetown）醫學院協助創建教育創新與領導中心（CENTILE，Center for Innovation and Leadership in Education），為教育者提供課程，專注於各種自我照顧和自我覺察的技巧，例如正念靜心。

教育創新與領導中心的身心課程，教導壓力管理和培育自我覺察，結果令人印象深刻。學生參與八週的正念靜心課程，以及各種合作式的個案研究。目前的初步報告顯示，課程對於學生的教育有非常大的影響。上這些課程之前，三分之二的學生覺得對同學有同理心。上完課程，九五%的學生覺得對同學有同理心。阿弟說，有很多醫科生寫信寄到他的辦公室，表達感謝。學生很感激有這個經驗，謝謝學校提醒他們，想起當初為什麼會選擇了醫學。

這是我所知的，第一個注重醫科生的情緒和生理恆定失衡的課程計畫。身為生理學家，阿弟瞭解，雖然教腎臟的生理學確實很重要，但是如果醫學院沒有傳授人類生理對壓力的反應的知識，就會干擾學生的學習和壓力管理。以前的人將正念和靜心視為另類醫療和補充醫療的範疇，一旦整合到醫學院課程中，自我照顧就進入了正在受訓的醫生們的世界裡了。在這裡，我們學到的教訓對任何人都非常重要：如果我們忽視自己，就不可能以同理和慈悲的方式照顧別人。

很幸運的，現在全美國和全球的醫學院都有類似的課程了。很快的，許多學校和訓練計畫都將自我照顧的練習放進課程中，視為重要的醫學教育的一部分，以避免耗損。醫學院利用現在的耗竭危機，在課程中加入照顧者的同理自我照顧，而不是完全專注於如何照顧病患的醫學教育。我們在本書中已經看到，經由共享的腦部機制，以及自我照顧、同理心、正念訓練，同理心將會導致更多同理心，社會各處都需要強調自我照顧和慈悲。

父母、教育家、企業領袖、健康照顧者、律師、政治家、執法警官、司法系統和每一位和別人有互動的工作者，都會因此更享受自己的角色和工作，同時變得更有效率。我們都可以經由同理心七大關鍵要素練習，提升自我同理和對別人的同理心，我們懷抱希望，可以造成更文明的社會、彼此尊重的對話、瞭解彼此，以及一個充滿人性的世界。

致謝

如果沒有個性溫暖、表現又很棒的夥伴莉茲・尼波倫特（Liz Neporent），這本書不可能問世。莉茲協助我將幾十年在精神醫學、神經科學、教育和同理心的臨床和研究經驗整合起來，用故事寫出來，讓讀者願意閱讀。我們很感謝科諾爾文學公司（Konnor Literary Agency）的琳達・科諾爾（Linda Konnor）提供穩定地支持，感謝眼光銳利的編輯卡洛琳・平克思（Caroline Pincus）無價的投入及指導。莉茲和我深深感謝我們的家人，諾姆・尼西歐卡（Norm Nishioka）、格蘭特・尼西歐卡（Grant Nishioka）、克萊兒・尼西歐卡（Claire Nishioka），以及傑・沙法蘭（Jay Shafran）和史凱勒・沙法蘭（Skyler Shafran）。謝謝他們的好奇心、創新的點子、耐性和熱情的支持。

我要謝謝麻省總醫院精神科和哈佛醫學院的耐德・卡山姆醫師（Dr. Ned Cassem）、傑瑞・羅森邦姆醫師（Dr. Jerry Rosenbaum）和麥克・傑尼克醫師（Dr. Michael Jenike）。他們的領導幫助我發展成為精神醫師、教師和研究者。我感謝他們的支持，以及提供經費給麻省總醫院的同理心和關係科學計畫（Empathy and Relational Science Program）。這是第一個此類的醫院計畫。我要衷心感謝有才華有文努力的同事們，以及其他研究者，一起在我們的同理心計畫裡無休無止地工作。我們的工作如果沒有約翰．凱利（John Kelley）、高登．克拉夫特－陶德（Gordon Kraft-Todd）、迪亞哥．雷尼洛（Diego Reinero）、瑪歌．飛利浦（Margot Phillips）、安妮．蘿莉（Áine Lorié）、莉狄亞．沙普拉（Lidia Schapira）、羅伯．貝利（Rob Bailey）、李．敦（Lee Dunn）、泰絲．勞利莎拉（Tess Lauricella）、阿拉貝拉．辛普丁（Arabella Simpkin）、安德莉亞．哈伯林（Andrea Haberlein）和喬安．侃波頓（Joan Camprodan），根本不可能進行。我也要感謝已經過世的親愛同事李．貝爾（Lee Baer）。

謝謝我在麻省總醫院和哈佛醫學院的導師和朋友，艾琳．布利金（Irene Briggin）、伊麗莎白．阿姆斯壯（Elizabeth Armstrong）、強．波洛司（Jon Borus）、麥克．傑尼克（Michael Jenike）、伊麗莎白．莫特（Elizabeth Mort）、毛利奇歐．發瓦（Maurizio

Fava）、格雷・非西歐尼（Greg Friccione）、約翰・賀曼（John Herman）、克里斯多福・高登（Christopher Gordon）、金・貝里辛（Gene Beresin）、吉姆・葛福斯（Jim Groves）、瑪格麗特・克蘭姆（Margaret Cramer）、查理・哈汀（Charlie Hatem）、卡爾・馬西（Carl Marci）、維姬・傑克森（Vicky Jackson）、茱莉亞・傑可布森（Juliet Jacobsen）、蘇珊・艾吉曼–里維頓（Susan Edgman-Levitan）、東尼・威諾（Tony Weiner）、貝絲・龍（Beth Lown）、大衛・艾森伯格（David Eisenberg）、艾德・亨德特（Ed Hundert）、朗・阿爾奇（Ron Arky）、羅伯・阿伯尼西（Rob Abernethy）、雪莉・黑德克（Sherry Haydock）和莉茲・高夫伯格（Liz Gaufberg）。

我很感激支持我們研究的各個基金會，尤其是阿諾・戈德醫學人性基金會（Arnold P. Gold Foundation for Humanism in Medicine）裡，很有前瞻的珊德拉・戈德（Sandra Gold）和已經過世的阿諾・戈德（Arnold Gold）與理查・樂溫（Richard Levin），以及約書亞・梅西醫學教育基金會（The Josiah Macy Jr. Foundation for Medical Education）、危機管理基金會（Risk Management Foundation）和大衛・猶大基金（David Judah Fund）。

我一直受到溝通和正念的前驅者的啟發：艾倫·愛爾達（Alan Alda）、唐·伯威克（Don Berwick）、理查·崔辛（Richard Chasin）、理查·大衛森（Richard Davidson）、琴·德希迪（Jean Decety）、保羅·艾克曼（Paul Ekman）、已過世的約翰·歐唐納修（John O'Donohue）、朗·艾普史汀（Ron Epstein）、丹·高爾曼（Dan Goleman）、丹·西格爾（Dan Siegel）、希拉·哈林斯男爵夫人（Baroness Sheila Hollins,）、法蘭克·西斯諾（Frank Sesno）和坦妮亞·辛爾（Tania Singer）。

我要特別感謝為了這本書，接受訪談或諮詢的每一個人：艾倫·愛爾達（Alan Alda）、卡洛琳·阿伯尼西（Caroline Abernethy）、法蘭妮·阿伯尼西·阿姆斯壯（Frannie Abernethy Armstrong）、阿賽爾·巴葛特（Axelle Bagot）、蘇珊·波伊斯威特（Susan Boisvert）、愛默兒·波伊斯威特（Emile Boisvert）、理查·波亞茲（Richard Boyatzis）、克里斯多福·高登（Christopher Gordon）、阿弟·哈拉馬提（Adi Haramati）、艾瑞克·岡德爾（Eric Kandel）、蘇珊·科文（Suzanne Koven）、琳·瑪歌里歐（Lynn Margherio）、戴安·波洛斯（Diane Paulus）、道格·勞區（Doug Rauch）、法蘭克·西斯諾（Frank Sesno）、維姬·沈（Vicky Shen）、

派蒂・麥克勞琳・賽門（Patty McLaughlin Simon）、狄克・賽門（Dick Simon）和里妮・彼得森・特魯道（Renee Peterson Trudeau）。

我對組織中的情緒關係研究協會（Consortium for Research on Emotional Intelligence in Organizations）裡所有的同事和朋友都很感激，包括一起創辦協會的丹尼爾・高曼（Daniel Goleman）和理查・波亞茲（Richard Boyatzis），以及里克・阿伯曼（Rick Aberman）、勞里斯・烏爾福特（Lauris Woolford）和道格・里尼克（Doug Lennick）。

我最想要深深感謝的是所有的個案及他們的家人。這些年來，和他們一起工作是我的榮幸。這些勇敢分享自己故事的人，釋放出驚人的力量、哀悼並接受生命中出現的錯誤，然後重新現身，可以更完整並更廣闊地擁抱生命，他們給了我的生命力量和意義。人類精神上的韌性永遠可以啟發我，你們改變了我的生命，使我的生命更好，也讓世界更和平、更有連結了。

我衷心感謝親愛的朋友和同事，閱讀了書稿的一部分，提供給我無價的洞見。謝謝邁爾坎・阿思特里（Malcolm Astley）、里・狄巒（Leigh Divine）、大衛・法蘭克爾（David Frankel）、梅利莎・克福特（Melissa Kraft）、克萊兒・尼西歐卡（Claire Nishioka）、格蘭特・尼西歐卡（Grant Nishioka）、南西・拉芭普特（Nancy Rappaport）、喬安娜・里斯・梭爾里茲（Johanna Riess Thoeresz）和克李斯特・史托特（Christa T. Stout）

所有使得同理心公司成功的人，我深深感謝。我特別要感謝查理・麥克・可爾麥克（Charlie MacCormack）的前瞻，讓同理心拓展到健康照顧專業裡，並繼續往外延展。他是「拯救兒童」以前的負責人（Save the Children），也是米德爾伯里學院（Middlebury College）的駐校學者。深深感謝我們的董事喬・孟達托（Joe Mondato）、彼得・麥克諾尼（Pete McNerney）和納森尼爾・歐波曼（Nathaniel Opperman），以及我們的顧問凡斯・歐波曼（Vance Opperman）和已故的格蘭・尼爾森醫師（Dr. Glen Nelson）。謝謝他們無價的智慧、指導，以及對同理心公司潛力的信任。謝謝我們所有認真的領導者和員工，尤其是戴安・布雷克（Diane Blake）。

謝謝所有的朋友。我寫這本書時，非常感謝你們的支持：梅利莎・克列夫特（Melissa Kraft）、南・史托特（Nan Stout）、溫蒂・高登（Wendy Gordon）、賴瑞・若（Larry Rowe）、南西・波爾森（Nancy Persson）、盧森・哈爾尼虛（Ruthann Harnisch）、依芙・艾克曼（Eve Ekman）、珊蒂・亨尼曼（Sandy Honeyman）、法蘭克・西斯諾（Frank Sesno）、約翰・彎伯格（John Weinberg）、凱西・里（Cathy Lee）、麥爾坎・阿思特里（Malcolm Astley）、潘・史威（Pam Swing）、戴安・沽德摩特（Diane Goodermote）、丁・沽德摩特（Dean Goodermote）、金・帕里作（Kim Parizeau）、爾尼・帕里作（Ernie Parizeau）。感謝威藍德（Wayland）的所有女性，幫助我獲得生活的平衡。謝謝我的獨木舟隊友：吉爾・達爾比・艾莉森（Jill Dalby Ellison）、安・吉爾森（Anne Gilson）、安妮・哈林斯威爾德（Annie Hollingsworth）、芭布・波吉斯（Barb Burgess）、芭布・佛萊契爾（Barb Fletcher）、布萊蒂・漢蒂・雷諾（Bredt Handy Reynolds）、金・威爾森（Kim Wilson）、梅根・路希爾（Megan Lucier）和南西・奧斯本（Nancy Osborn）。

誠摯的感謝我的父母、哥哥維克托和吉妮（Jinny）和彼得・波沙特（Peter Bossart）。他們讓我愛上古典音樂、藝術、攝影、醫學和信仰，因此才有了這本書。謝謝驚人的尼西歐卡家族（Nishioka），尤其是我的婆婆西蘇耶・尼西歐卡（Shizuye

Nishioka）親自示範，即使在最困難的狀況下，如何堅持優雅和正直的原則。我特別要感謝阿黛兒・巴哥（Adele Bargel），她的生活中充滿同理心，從我很小的時候就教我同理心的力量。

我也要感謝這裡沒有提到，但是在這個旅程裡無比重要的人們。

沒有人比我姊姊喬漢娜・萊斯・多爾利茲（Johanna Riess Thoeresz）更值得感謝了。姊姊是我的偶像、模範和最好的朋友。謝謝你！

Internal Medicine 27, no. 10 (2012): 1280–86. doi.org/10.1007/s11606-012-2063-z.

Siegel, Daniel J. *The Mindful Brain: Reflection and Attunement in the Cultivation of Well-Being*. New York: W. W. Norton, 2007.

Shanafelt, Tait D., Sonja Boone, Litjen Tan, Lotte N. Dyrbye, Wayne Sotile, Daniel Satele, Colin P. West, Jeff Sloan, and Michael R. Oreskovich. "Burnout and satisfaction with work-life balance among US physicians relative to the general

US population." Archives of Internal Medicine, 2012 Oct 8;172(18): 1377–85. doi: 10.1001/archinternmed.2012.3199. Smith, Karen E., Greg J. Norman, and Jean Decety. "The complexity of empathy during medical school training: Evidence for positive changes." *Medical Education* 51, no. 11 (November 2017): 1146–59. doi.org/10.1111/medu.13398.

Trudeau, Renée Peterson. *The Mother's Guide to Self-Renewal: How to Reclaim, Rejuvenate and Re-Balance Your Life*. Austin, TX: Balanced Living Press, 2008.

Medical Colleges 84, no. 9 (October 2009): 1182–91. doi.org/10.1097/ACM.0b013e3181b17e55.

Kabat-Zinn, Jon. *Wherever You Go, There You Are: Mindfulness Meditation in Everyday Life*. New York: Hyperion, 1994.

Kearney, Michael K., Radhule B. Weininger, Mary L. S. Vachon, Richard L. Harrison, and Balfour M. Mount. "Self-care of physicians caring for patients at the end of life: 'Being connected... a key to my survival.'" *JAMA* 301, no. 11 (2009): 1155–64. doi.org/10.1001/jama.2009.352.

Linzer, Mark, Rachel Levine, David Meltzer, Sara Poplau, Carole Warde, and Colin P. West. "10 Bold Steps to Prevent Burnout in General Internal Medicine." *Journal of General Internal Medicine* 29, no. 1 (January 2014): 18-20. doi.org/10.1007/s11606-013-2597-8.

Mascaro, Jennifer S., James K. Rilling, Lobsang Tenzin Negi, and Charles L. Raison. "Compassion meditation enhances empathic accuracy and related neural activity." *Social Cognitive and Affective Neuroscience* 8, no. 1 (January 2013): 48–55. doi.org/10.1093/scan/nss095.

Neff, Kristin D. "Self-Compassion: An Alternative Conceptualization of a Healthy Attitude Toward Oneself." *Self-Identity* 2, no. 2 (April 2003): 85–101. doi.org/10.1080/15298860309032.

Riess, Helen, and Gordon Kraft-Todd. "E.M.P.A.T.H.Y.: A tool to enhance nonverbal communication between clinicians and their patients." *Academic Medicine* 89, no. 8 (August 2014): 1108–12. doi.org/10.1097/ACM.0000000000000287.

Riess, Helen, John M. Kelley, Robert W. Bailey, Emily J. Dunn, and Margot Phillips. "Empathy Training for Resident Physicians: A Randomized Controlled Trial of a Neuroscience-Informed Curriculum." *Journal of General*

第十二章：自我同理心

Ekman, Eve, and Jodi Halpern. "Professional Distress and Meaning in Health Care: Why Professional Empathy Can Help." *Social Work in Health Care* 54, no. 7 (2015), 633–50. doi.org/10.1080/00981389.2015.1046575.

Epel, Elissa S., Elizabeth H. Blackburn, Jue Lin, Firdaus Dhabhar, Nancy E. Adler, Jason D. Morrow, and Richard M. Cawthorn. "Accelerated telomere shortening in response to life stress." *Proceedings of the National Academy of Sciences* 101, no. 49 (December 2004): 17312–15. doi.org/10.1073/pnas.0407162101.

Epstein, Ronald M. Attending: Medicine, *Mindfulness, and Humanity*. New York: Scribner, 2017.

Epstein, Ronald M. "Mindful practice." JAMA 282, no. 9 (September 1999): 833–39. doi.org/10.1001/jama.282.9.833.

Gazelle, Gail, Jane M. Liebschutz, and Helen Riess. "Physician Burnout: Coaching a Way Out." *Journal of General Internal Medicine* 30, no. 4 (December 2014): 508–513. doi.org/10.1007/s11606-014-3144-y.

Goleman, Daniel, and Richard J. Davidson. *Altered Traits: Science Reveals How Meditation Changes Your Mind, Brain, and Body*. New York: Avery, 2017.

Gračanin, Asmir, Ad Vingerhoets, Igor Kardum, Marina Zupčić, Maja Šantek, and Mia Šimić. "Why crying does and sometimes does not seem to alleviate mood: A quasi-experimental study." *Motivation and Emotion* 39, no. 6 (December 2015): 953–60. doi.org/10.1007/s11031-015-9507-9.

Hojat, Mohammadreza, Michael J. Vergare, Kaye Maxwell, George C. Brainard, Steven K. Herrine, Gerald A Isenberg, J. Jon Veloski, and Joseph S. Gonnella. "The devil is in the third year: A longitudinal study of erosion of empathy in medical school." *Academic Medicine: Journal of the Association of American*

a0021 302.

第十一章：深深挖掘同理心

Alda, Alan. If I Understood You, Would I Have This Look on My Face?: My Adventures in the Art and Science of Relating and Communicating. New York: Random House, 2017.

Arumi, Ana Maria, and Andrew L. Yarrow. Compassion, Concern and Conflicted Feelings: New Yorkers on Homelessness and Housing. New York: Public Agenda, 2007. publicagenda.org/files/homeless_nyc.pdf.

Baron-Cohen, Simon. Autism and Asperger Syndrome. Oxford and New York: Oxford University Press, 2008.

Baron-Cohen, Simon. The Science of Evil: On Empathy and the Origins of Cruelty. New York: Basic Books, 2011.

Baron-Cohen, Simon. Zero Degrees of Empathy: A New Theory of Human Cruelty and Kindness. London: Penguin Books, 2011.

Egan, Gerard. The Skilled Helper: A Systematic Approach to Effective Helping. 4th ed. Pacific Grove, CA: Brooks-Cole Publishing, 1990.

Final Report Draft (Washington, DC: The President's Commission on Combating Drug Addiction and the Opioid Crisis, 2017). whitehouse.gov/sites/whitehouse.gov/files/images/Final_Report_Draft_11-15-2017.pdf.

Wakeman, Sarah. Journal of Addiction Medicine. American Society of Addiction Medicine, 2017.

Yoder, Keith J., Carla L. Harenski, Kent A. Kiehl, and Jean Decety. "Neural networks underlying implicit and explicit moral evaluations in psychopathy." Translational Psychiatry 25, no. 5 (August 2015): e625. doi.org/10.1038/tp.2015.117.

15, 2017): e0177758. doi.org/10.1371/journal.pone.0177758.

Kuhn, Daniel. *Dispatches from the Campaign Trail*. American University (2016), american.edu/spa/dispatches/campaign-trail/blog-two.cfm.

Lennick, Doug, and Fred Kiel. Moral Intelligence: *Enhancing Business Performance and Leadership Success*. Upper Saddle River, NJ: Pearson Education, 2008.

Lennick, Doug, Roy Geer, and Ryan Goulart. *Leveraging Your Financial Intelligence: At the Intersection of Money, Health, and Happiness*. Hoboken, NJ: John Wiley & Sons, Inc., 2017.

Maslow, Abraham H. "A theory of human motivation." *Psychological Review* 50, no. 4 (1943): 370–96. doi.org/10.1037/h0054346.

Peri, Sarada. "Empathy Is Dead in American Politics." *New York*, March 30, 2017. nymag.com/daily/intelligencer/2017/03/empathy-is-dead-in-american-politics.html.

Schwartz, Richard C. Internal Family Systems Therapy. New York: Guilford Press, 1994.

Sesno, Frank. *Ask More: The Power of Questions to Open Doors, Uncover Solutions and Spark Change*. New York: Amacom, 2017.

The Empathy Business, "Our Empathy Index." Accessed March 19, 2018. hbr.org/2015/11/2015-empathy-index.

"Transparency International—Bulgaria reports alarming rate of potential vote sellers." Sofia News Agency, October 19, 2011. novinite.com/articles/133068/Transparency+International-Bulgaria+Reports+Alarming+Rate+of+Potential+Vote-Sellers.

"The Trump Family Secrets and Lies." Cover story, *People*, July 31, 2017.

Valdesolo, Piercarlo, and David DeSteno. "Synchrony and the social tuning of compassion." *Emotion* 11, no. 2 (April 2011): 262–26. doi.org/10.1037/

of *the New York Academy of Sciences* 1124, no. 1 (March 2008): 1–38. doi.org/10.1196/annals.1440.011.

Cameron, Kim. “Responsible Leadership as Virtuous Leadership.” *Journal of Business Ethics* 98, no. 1 (January 2011): 25–35. doi.org/10.1007/s10551-011-1023-6.

CNN Exit Polls, November 23, 2016, cnn.com/election/results/exit-polls.

DeSteno, David. *The Truth About Trust: How It Determines Success in Life, Love, Learning,* and More. New York: Hudson Street Press, 2014.

Fajardo, Camilo, Martha Isabel Escobar, Efraín Buriticá, Gabriel Arteaga, J. Umbarila, Manuel F. Casanova, and Hernán J. Pimienta. “Von Economo neurons are present in the dorsolateral (dysgranular) prefrontal cortex of humans.” *Neuroscience Letters* 435, no. 3 (May 2008): 215–18. doi.org/10.1016/j.neulet.2008.02.048

Goleman, Daniel. *Emotional Intelligence: Why It Can Matter More Than IQ*. London: Bloomsbury, 2010.

Goleman, Daniel. *Social Intelligence: The New Science of Human Relationships*. New York: Bantam Books, 2007.

Goleman, Daniel, Richard Boyatzis, and Annie McKee. *Primal Leadership: Realizing the Power of Emotional Intelligence*. Boston: Harvard Business Review Press, 2002.

Grant, Daniel. “Artists as Teachers in Prisons.” Huffington Post, July 6, 2010. Updated November 17, 2011. huffingtonpost.com/daniel-grant/artists-as-teachers-in-pr_b_565695.html.

Kraft-Todd, Gordon T., Diego A. Reinero, John M. Kelley, Andrea S. Heberlein, Lee Baer, and Helen Riess. “Empathic nonverbal behavior increases ratings of both warmth *and* competence in a medical context.” *PloS ONE* 12, no. 5 (May

org/10.1126/science.1239918.

Mazzio, Mary, dir. I Am Jane Doe. 2017; Babson Park, MA: 50 Eggs Films. iamjanedoefilm.com.

O'Donohue, John. Anam *Cara: A Book of Celtic Wisdom*, 25. New York: HarperCollins, 1997.

O'Donohue, John. *Beauty: The Invisible Embrace: Rediscovering the True Sources of Compassion, Serenity, and Hope*. New York: HarperCollins, 2004.

Rentfrow, Peter J., Lewis R. Goldberg, and Ran D. Zilca. "Listening, watching, and reading: The structure and correlates of entertainment preferences." *Journal of Personality* 79, no. 2 (April 2011): 223–58. doi.org/10.1111/j.1467-6494.2010.00662.x.

Rifkin, Jeremy. *The Empathic Civilization: The Race to Global Consciousness in a World in Crisis*. Cambridge: Polity, 2009.

Siegel, Daniel J. *The Developing Mind: How Relationships and the Brain Interact to Shape Who We Are*. 2nd ed. New York: Guilford Press, 2012.

第十章：領導和同理心的政治

Adams, Reginald B., Jr., Heather L. Gordon, Abigail A. Baird, Nalini Ambady, and Robert E. Kleck. "Effects of gaze on amygdala sensitivity to anger and fear faces." *Science* 300, no. 5625 (June 6, 2003): 1536. doi.org/10.1126/science.1082244.

Boyatzis, Richard, and Annie McKee. *Resonant Leadership: Renewing Yourself and Connecting with Others Through Mindfulness, Hope, and Compassion*. Boston: Harvard Business Review Press, 2005.

Buckner, Randy L., Jessica R. Andrews-Hanna, and Daniel L. Schacter. "The brain's default network: Anatomy, function, and relevance to disease." Annals kaiserfamilyfoundation.files .wordpress.com/2013/04/8010.pdf.

Schenker, Mark. "The Surprising History of Emojis." Webdesignerdepot.com, October 11, 2016. webdesignerdepot.com/2016/10/the-surprising-history-of-emojis/.

Steinberg, Brian. "Study: Young Consumers Switch Media 27 Times an Hour." Ad Age, April 9, 2012. adage.com/article/news/study-young-consumers-switch-media-27-times-hour/234008/.

West, Lindy. "What Happened When I Confronted My Cruelest Troll." *Guardian*, February 2, 2015. theguardian.com/society/2015/feb/02/what-happened-confronted-cruellest-troll-lindy-west.

Wong, Hai Ming, Kuen Wai Ma, Lavender Yu Xin Yang, and Yanqi Yang. "Dental Students' Attitude towards Problem-Based Learning before and after Implementing 3D Electronic Dental Models." *International Journal of Educational and Pedagogical Sciences* 104, no. 8 (2017): 2110, 1–6. hdl.handle.net/10722/244777.

第九章：同理心、藝術，與文學

Alan Alda Center for Communicating Science. Accessed March 19, 2018. Aldancenter.org.

Gauntlett, Jane. The In My Shoes Project. Accessed March 19, 2018. janegauntlett. infor/inmyshoesproject.

Kandel, Eric R. *The Age of Insight: The Quest to Understand the Unconscious in Art, Mind, and Brain, from Vienna 1900 to the Present*. New York: Random House, 2012.

Kidd, David Comer, and Emanuele Castano. "Reading literary fiction improves theory of mind." *Science* 342, no. 6156 (October 2013): 377–80. doi.

schizophrenia, and anorexia nervosa." *Translational Psychiatry* 8, no. 1 (March 2018): 35. doi.org/10.1038/s41398-017-0082-6.

第八章：簡訊、螢幕，與數位同理心

Berridge, Kent C., and Terry E. Robinson. "What is the role of dopamine in reward: Hedonic impact, reward learning, or incentive salience?" *Brain Research Reviews* 28, no. 3 (December 1998): 309–69. doi.org/10.1016/S0165-0173(98)00019-8.

Buckels, Erin E., Paul D. Trapnell, and Delroy L. Paulhus. "Trolls Just Want to Have Fun." *Personality and Individual Differences* 67 (September 2014): 97–102. doi.org/10.1016/j.paid.2014.01.016.

Buxton, Madeline. "The Internet Problem We Don't Talk About Enough." Refinery29.com, March 15, 2017. refinery29.com/online-harassment-statistics-infographic. Dosomething.org. "11 Facts About Bullies." Accessed March 19, 2018. dosomething.org/us/facts/11-facts-about-bullying.

Keng, Shian-Ling, Moria J. Smoski, and Clive J. Robins. "Effects of mindfulness on psychological health: A review of empirical studies." *Clinical Psychology Review* 31, no. 6 (August 2011): 1041–56. doi.org/10.1016/j.cpr.2011.04.006.

Przybylski, Andrew K., and Netta Weinstein. "Can you connect with me now? How the presence of mobile communication technology influences face-to-face conversation quality." *Journal of Social and Personal Relationships* 30, no. 3 (May 2013), 237–46. doi.org/10.1177/0265407512453827.

Rideout, Victoria J., Ulla G. Foehr, and Donald F. Roberts. *Generation M2: Media in the Lives of 8- to 18-Year-Olds: A Kaiser Family Foundation Study.* Menlo Park, CA: Henry J. Kaiser Family Foundation, January 2010.

第七章：教育中的同理心 ABC

Falk, Emily B., Sylvia A. Morelli, B. Locke Welborn, Karl Dambacher, and Matthew D. Lieberman. "Creating buzz: The neural correlates of effective message propagation." *Psychological Science* 24, no. 7 (July 2013): 1234–42. doi.org/10.1177/0956797612474670.

Farber, Matthew. *Gamify Your Classroom: A Field Guide to Game-Based Learning*. Rev. ed. New York: Peter Lang Publishing, Inc., 2017.

Hemphill, Sheryl A., John W. Toumbourou, Todd I. Herrenkohl, Barbara J. McMorris, and Richard F. Catalano. "The effect of school suspensions and arrests on subsequent adolescent antisocial behavior in Australia and the United States." *Journal of Adolescent Health* 39, no. 5 (November 2006): 736–44. doi.org/10.1016/j.jadohealth.2006.05.010.

Horn, Michael B., and Heather Staker. *Blended: Using Disruptive Innovation to Improve Schools*. San Francisco: Jossey-Bass, 2015.

Kidd, David Comer, and Emanuele Castano. "Reading literary fiction improves theory of mind." Science 342, no. 6156 (October 2013): 377–80. doi.org/10.1126/science.1239918.

Lieberman, Matthew D. "Education and the social brain." *Trends in Neuroscience and Education* 1, no. 1 (December 2012): 3–9. doi.org/10.1016/j.tine.2012.07.003.

Redford, James, dir. *Paper Tigers*. 2015; Branford, CT: KPJR Films. kpjrfilms.co / paper-tigers/.

Warrier, Varun, Roberto Toro, Bhismadev Chakrabarti, The iPSYCH-Broad autism group, Anders D. Børglum, Jakob Grove, the 23andMe Research Team, David Hinds, Thomas Bourgeron, and Simon Baron-Cohen. "Genome-wide analysis of self-reported empathy: Correlations with autism, org/10.1016/S0145-2134(95)00139-5.

Kendrick, Keith M. "Oxytocin, motherhood and bonding." *Experimental Physiology* 85, no. s1 (March 2000): 111S–24S. doi.org/10.1111/j.1469-445X.2000.tb00014.x.

Kohut, Heinz. *How Does Analysis Cure?* Edited by Arnold Goldberg and Paul E. Stepansky. Chicago: University of Chicago Press, 1984.

Margherio, Lynn. "Building an Army of Empathy." Filmed November 2017 at TEDxBeaconStreet in Boston, MA. Video, 11:15. tedxbeaconstreet.com/videos/building-an-army-of-empathy/.

Open Circle learning program website. Wellesley Center for Women, Wellesley College. Accessed March 19, 2018. open-circle.org.

Piaget, Jean, and Bärbel Inhelder. *The Child's Conception of Space*. London and New York: Psychology Press, 1997.

Sagi, Abraham, and Martin L. Hoffman. "Empathic distress in the newborn." *Developmental Psychology* 12, no. 2 (March 1976): 175–76. doi.org/10.1037/0012-1649.12.2.175.

Warrier, Varun, Roberto Toro, Bhismadev Chakrabarti, The iPSYCH-Broad autism group, Anders D. Børglum, Jakob Grove, the 23andMe Research Team, David Hinds, Thomas Bourgeron, and Simon Baron-Cohen. "Genome-wideanalysis of self-reported empathy: Correlations with autism, schizophrenia, and anorexia nervosa." *Translational Psychiatry* 8, no. 1 (March 2018): 35. doi.org/10.1038/s41398-017-0082-6.

Winnicott, Donald W. "The theory of the parent-infant relationship." *The International Journal of Psychoanalysis* 41 (Nov–Dec 1960): 585–95. doi.org/10.1093/med:psych/9780190271381.003.0022.

and Dacher Keltner. "Higher social class predicts increased unethical behavior." *Proceedings of the National Academy of Sciences of the United States of America* 109, no. 11 (2012): 4086–91. doi.org/10.1073/pnas.1118373109.

Yiltiz, Hörmetjan, and Lihan Chen. "Tactile input and empathy modulate the perception of ambiguous biological motion." *Frontiers in Psychology* 6 (February 2015): 161. doi.org/10.3389/fpsyg.2015.00161.

第六章：懷著同理心成長

Conradt, Elisabeth, and Jennifer C. Ablow. "Infant physiological response to the still-face paradigm: Contributions of maternal sensitivity and infants' early regulatory behavior." *Infant Behavior & Development* 33, no. 3 (June 2010): 251–65. doi.org/10.1016/j.infbeh.2010.01.001.

Cradles to Crayons. Accessed March 19, 2018. cradlestocrayons.org.

Fredrickson, Barbara. *Positivity: Groundbreaking Research Reveals How to Embrace the Hidden Strength of Positive Emotions, Overcome Negativity, and Thrive*. London: One World Publications, 2009.

Gladwell, Malcolm. *Blink: The Power of Thinking Without Thinking*. Boston: Little, Brown, 2005.

Hemphill, Sheryl A., Stephanie M. Plenty, Todd I. Herrenkohl, John W. Toumbourou, and Richard F. Catalano. "Student and school factors associated with school suspension: A multilevel analysis of students in Victoria, Australia and Washington State, United States." *Children and Youth Services Review* 36, no. 1 (January 2014): 187–94. doi.org/10.1016/j.childyouth.2013.11.022.

Kendall-Tackett, Kathleen A., and John Eckenrode. "The effects of neglect on academic achievement and disciplinary problems: A developmental perspective." *Child Abuse and Neglect* 20, no. 3 (March 1996): 161–69. doi.

Tory Higgins, 695–714. New York: Guilford Press, 2007.

Decety, Jean, and Jason M. Cowell. "Friends or Foes: Is Empathy Necessary for Moral Behavior?" *Perspectives on Psychological Science* 9, no. 5 (2014): 525–37. doi.org/10.1177/1745691614545130.

Decety, Jean, and Jason M. Cowell. "The complex relation between morality and empathy." *Trends in Cognitive Sciences* 18, no. 7 (July 2014): 337–39. doi.org/10.1016/j.tics.2014.04.008.

Fisman, Raymond J., Sheena S. Iyengar, Emir Kamenica, and Itamar Simonson. "Racial Preferences in Dating." *The Review of Economic Studies* 75, no. 1 (January 2008), 117–32. doi.org/10.1111/j.1467-937X.2007.00465.x.

Lamm, Claus, Andrew N. Meltzoff, and Jean Decety. "How Do We Empathize with Someone Who Is Not Like Us? A Functional Magnetic Resonance Imaging Study." *Journal of Cognitive Neuroscience* 22, no. 2 (2010): 362–76. doi.org/10.1162/jocn.2009.21186.

Lorié, Áine, Diego A. Reinero, Margot Phillips, Linda Zhang, and Helen Riess. "Culture and nonverbal expressions of empathy in clinical settings: A systematic review." *Patient Education and Counseling* 100, no. 3 (March 2017): 411–24. doi.org/10.1016/j.pec.2016.09.018.

Peters, William, dir. *The Eye of the Storm*. 1970; Filmed in 1970 in Riceville, Iowa, aired in 1970 on ABC. Video, 26:17. archive.org/details/EyeOfTheStorm_201303.

Petrović, Predrag, Raffael Kalisch, Mathias Pessiglione, Tania Singer, and Raymond J. Dolan. "Learning affective values for faces is expressed in amygdala and fusiform gyrus." *Social Cognitive and Affective Neuroscience* 3, no. 2 (June 2008): 109–18. doi.org/10.1093/scan/nsn002.

Piff, Paul K., Daniel M. Stancato, Stéphane Côté, Rodolfo Mendoza-Denton,

Morrison, India, Marius V. Peelen, and Paul E. Downing. "The sight of others' pain modulates motor processing in human cingulate cortex." *Cerebral Cortex* 17, no. 9 (September 2007): 2214–22. doi.org/10.1093/cercor/bhl129.

Petrović, Predrag, Raffael Kalisch, Tania Singer, and Raymond J. Dolan. "Oxytocin attenuates affective evaluations of conditioned faces and amygdala activity." *Journal of Neuroscience* 28, no. 26 (June 25, 2008): 6607–15. doi.org/10.1523/JNEUROSCI.4572-07.2008.

Rabin, Roni Caryn. "Reading, Writing, 'Rithmetic and Relationships." *New York Times*, December 20, 2010. well.blogs.nytimes.com/2010/12/20/reading-writing-rithmetic-and-relationships/.

Riess, Helen. "The Power of Empathy." Filmed November 2013 at TEDxMiddlebury in Middlebury, VT. Video, 17:02. youtube.com/watch?v=baHrcC8B4WM.

Riess, Helen, and Gordon Kraft-Todd. "E.M.P.A.T.H.Y.: A tool to enhance nonverbal communication between clinicians and their patients." *Academic Medicine* 89, no. 8 (August 2014): 1108–12. doi.org/10.1097/ACM.0000000000000287.

Stephens, Greg J., Lauren J. Silbert, and Uri Hasson. "Speaker-listener neural coupling underlies successful communication." *Proceedings of the National Academy of Sciences of the United States of America* 107, no. 32 (August 2010): 14425–30. doi.org/10.1073/pnas.1008662107.

第五章：誰是自己人，誰是圈外人

Brewer, Marilynn B. "The social psychology of intergroup relations: Social categorization, ingroup bias, and outgroup prejudice." In *Social Psychology: Handbook of Basic Principles*, 2nd edition, edited by Arie W. Kruglanski and E.

Reviews Neuroscience 2 (February 2001): 129–136. doi.org/10.1038/35053579.

Jenni, Karen, and George Lowenstein. "Explaining the identifiable victim effect." *Journal of Risk and Uncertainty* 14, no. 3 (May 1997): 235–57. doi.org/10.1023/A:1007740225484.

Kelley, John Michael, Gordon Kraft-Todd, Lidia Schapira, Joe Kossowsky, and Helen Riess. "The influence of the patient-clinician relationship on healthcare outcomes: A systematic review and meta-analysis of randomized controlled trials." *PloS ONE* 9, no. 4 (April 2014): e94207. doi.org/10.1371/journal.pone.0094207.

Künecke, Janina, Andrea Hildebrandt, Guillermo Recio, Werner Sommer, and Oliver Wilhelm. "Facial EMG Responses to Emotional Expressions Are Related to Emotion Perception Ability." *PloS ONE* 9, no. 1 (January 2014): e84053. doi.org/10.1371/journal.pone.0084053.

Lieberman, Matthew D., Tristen K. Inagaki, Golnaz Tabibnia, and Molly J. Crockett. "Subjective Responses to Emotional Stimuli During Labeling, Reappraisal, and Distraction." *Emotion* 11, no. 3 (2011): 468–80. doi.org/10.1037/a0023503.

Lorié, Áine, Diego A. Reinero, Margot Phillips, Linda Zhang, and Helen Riess. "Culture and nonverbal expressions of empathy in clinical settings: A systematic review." *Patient Education and Counseling* 100, no. 3 (March 2017): 411–24. doi.org/10.1016/j.pec.2016.09.018.

Marci, Carl D., Jacob Ham, Erin K. Moran, and Scott P. Orr. "Physiologic correlates of perceived therapist empathy and social-emotional process during psychotherapy." *The Journal of Nervous and Mental Disease* 195, no. 2 (2007): 103–11. doi.org/10.1097/01.nmd.0000253731.71025.fc.

Mehrabian, Albert. *Nonverbal Communication*. Chicago: Aldine-Atherton, 1972.

Darwin, Charles. *The Expression of Emotions in Man and Animals*. 1872. Reprint, London: Friedman, 1979.

Decety, Jean, and G. J. Norman. "Empathy: A social neuroscience perspective." In *International Encyclopedia of the Social and Behavioral Sciences*, 2nd edition, vol. 7, edited by James D. Wright, 541–48. Oxford: Elsevier, 2015.

Decety, Jean, Kalina J. Michalska, and Katherine D. Kinzler. "The contribution of emotion and cognition to moral sensitivity: A neurodevelopmental study." *Cerebral Cortex* 22, no. 1 (January 2012):209–20. doi.org/10.1093/cercor/bhr111.

Dimascio, Alberto, Richard W. Boyd, and Milton Greenblatt. "Physiological correlates of tension and antagonism during psychotherapy: A study of interpersonal physiology." *Psychosomatic Medicine* 19, no. 2 (1957): 99–104. doi.org/10.1097/00006842-195703000-00002.

Ekman, Paul. *Emotions Revealed: Recognizing Faces and Feelings to Improve Communication and Emotional Life*. New York: Henry Holt and Co., 2007.

Ekman, Paul, Richard J. Davidson, and Wallace V. Friesen. "The Duchenne smile: Emotional expression and brain physiology II." *Journal of Personality and Social Psychology* 58, no. 2 (March 1990): 342–53. doi.org/10.1037/0022-3514.58.2.342.

Gauntlett, Jane. "The In My Shoes Project." Accessed March 19, 2018. janegauntlett.com/inmyshoesproject/.

Hatfield, Elaine, Christopher K. Hsee, Jason Costello, Monique Schalekamp Weisman, and Colin Denney. "The impact of vocal feedback on emotional experience and expression." *Journal of Social Behavior and Personality* 10 (May 24, 1995): 293–312.

Insel, Thomas R., and Larry J. Young. "The neurobiology of attachment." *Nature* disasters." *Proceedings of the National Academy of Sciences of the United States of America* 114, no. 4 (January 2017): 640–44. doi.org/10.1073/pnas.1613977114.

第四章：E.M.P.A.T.H.Y.® 的七個關鍵元素

Adams, Reginald B., Jr., Heather L. Gordon, Abigail A. Baird, Nalini Ambady, and Robert E. Kleck. "Effects of gaze on amygdala sensitivity to anger and fear faces." *Science* 300, no. 5625 (June 6, 2003): 1536. doi.org/10.1126/science.1082244.

Ambady, Nalini, Debi LaPlante, Thai Nguyen, Robert Rosenthal, Nigel R. Chaumeton, and Wendy Levinson. "Surgeons' tone of voice: a clue to malpractice history." *Surgery* 132, no. 1 (July 2002): 5–9. doi.org/10.1067/msy.2002.124733.

Boucher, Jerry D., and Paul Ekman. "Facial Areas and Emotional Information." *Journal of Communication* 25, no. 2 (June 1975): 21–29. doi.org/10.1111/j.1460-2466.1975.tb00577.x.

Bowlby, John. *A Secure Base: Clinical Applications of Attachment Theory*. London: Routledge, 1988.

Bowlby, John. *Attachment and Loss, Vol. I: Attachment*. New York: Basic Books, 1999. First published 1969 by Basic Books.

Chustecka, Zosia. "Cancer Risk Reduction in the Trenches: PCPs Respond." Medscape.com, October 25, 2016. medscape.com/viewarticle/870857.

Conradt, Elisabeth, and Jennifer C. Ablow. "Infant physiological response to the still-face paradigm: contributions of maternal sensitivity and infants' early regulatory behavior." *Infant Behavior & Development* 33, no. 3 (June 2010): 251–65. doi.org/10.1016/j.infbeh.2010.01.001.

Radaelli, Alberto, Roberta Raco, Paola Perfetti, Andrea Viola, Arianna Azzellino, Maria G. Signorini, and Alberto Ferrari. "Effects of slow, controlled breathing on baroreceptor control of heart rate and blood pressure in healthy men." *Journal of Hypertension* 22, no. 7 (July 2004): 1361–70. doi.org/10.1097/01.hjh.0000125446.28861.51.

Riess, Helen, John M. Kelley, Robert W. Bailey, Emily J. Dunn, and Margot Phillips. "Empathy Training for Resident Physicians: A Randomized Controlled Trial of a Neuroscience-Informed Curriculum." *Journal of General Internal Medicine* 27, no. 10 (2012): 1280–86. doi.org/10.1007/s11606-012-2063-z.

Riess, Helen, John M. Kelley, Robert W. Bailey, Paul M. Konowitz, and Stacey Tutt Gray. "Improving empathy and relational skills in otolaryngology residents: A pilot study." *Otolaryngology–Head and Neck Surgery* 144, no. 1 (January 2011): 120–22. doi.org/10.1177/0194599810390897.

Singer, Tania, Ben Seymour, John P. O'Doherty, Holger Kaube, Raymond J. Dolan, and Chris D. Frith. "Empathy for pain involves the affective but not sensory components of pain." *Science* 303, no. 5661 (February 2004): 1157–62. doi.org/10.1126/science.1093535.

Singer, Tania, Ben Seymour, John P. O'Doherty, Klaas Enno Stephan, Raymond J. Dolan, and Chris D. Frith. "Empathic neural responses are modulated by the perceived fairness of others." *Nature* 439, no. 7075 (January 2006): 466–69. doi.org/10.1038/nature04271.

Slovic, Paul. "'If I Look at the Mass I Will Never Act': Psychic Numbing and Genocide." *Judgment and Decision Making* 2, no. 2 (April 2007) 79–95.

Slovic, Paul, Daniel Västfjäll, Arvid Erlandsson, and Robin Gregory. "Iconic photographs and the ebb and flow of empathic response to humanitarian

Dinh, Khanh T., Traci L. Weinstein, Melissa Nemon, and Sara Rondeau. "The effects of contact with Asians and Asian Americans on White American college students: Attitudes, awareness of racial discrimination, and psychological adjustment." *American Journal of Community Psychology* 42, nos. 3–4(December 2008): 298–308. doi.org/10.1007/s10464-008-9202-z.

Ferrari, Pier Francesco, and Giacomo Rizzolatti. "Mirror neuron research: The past and the future." *Philosophical Transactions of the Royal Society of London B: Biological Sciences* 369, no. 1644 (2014): 20130169. doi.org/10.1098/rstb.2013.0169.

Goetz, Jennifer, Dacher Keltner, and Emiliana R. Simon-Thomas. "Compassion: An evolutionary analysis and empirical review." *Psychological Bulletin* 136, no. 3(May 2010): 351–74. doi.org/10.1037a0018807.

Joseph, Chacko N, Cesare Porta, Gaia Casucci, Nadia Casiraghi, Mara Maffeis, Marco Rossi, and Luciano Bernardi. "Slow breathing improves arterial baroreflex sensitivity and decreases blood pressure in essential hypertension." *Hypertension* 46 , no. 4 (October 2005): 714–8. doi.org/10.1161/01.HYP.0000179581.68566.7d.

Missouri State University. Orientation and Mobility Graduate Certificate Program website. Last modified January 16, 2018. graduate.missouristate.edu/catalog/prog_Orientation_and_Mobility.htm.

Orloff, Judith. *The Empath's Survival Guide: Life Strategies for Sensitive People*. Boulder, CO: Sounds True, 2017.

Phillips, Margot, Áine Lorié, John Kelley, Stacy Gray, and Helen Riess. "Long-term effects of empathy training in surgery residents: A one year follow-up study." *European Journal for Person Centered Healthcare* 1, no. 2 (2013), 326–32. doi.org/10.5750/ejpch.v1i2.666.

5(2005): 1038–48. doi.org/10.1093/brain/awh404.
Preston, Stephanie D., and Frans B. M. de Waal. "Empathy: Its ultimate and proximate bases." *Behavioral and Brain Sciences* 25, no. 1 (March 2002): 1–20; discussion 20–71. doi.org/10.1017/S0140525X02000018.
Riess, Helen. "Empathy in medicine—a neurobiological perspective." *Journal of the American Medical Association* 304, no. 14 (October 2010): 1604–5. doi.org/10.1001/jama.2010.1455.
Riess, Helen. "The Science of Empathy." *Journal of Patient Experience* 4, no. 2(June 2017): 74–77. doi.org/10.1177/2374373517699267.
Rizzolatti, Giacomo, Leonardo Fogassi, and Vittorio Gallese. "Neurophysiological mechanisms underlying the understanding and imitation of action." *Nature Reviews Neuroscience* 2, no. 9 (2001): 661–70. doi.org/10.1038/35090060.
Singer, Tania, and Claus Lamm. "The social neuroscience of empathy." *Annals of the New York Academy of Sciences* 1156 (March 2009): 81–96. doi.org/10.1111/j.1749-6632.2009.04418.x.
Zaki, Jamil. "Empathy: A motivated account." *Psychological Bulletin* 140, no. 6(November 2014): 1608–47. dx.doi.org/10.1037/a0037679.
Zaki, Jamil, and Kevin N. Ochsner. "The neuroscience of empathy: Progress, pitfalls and promise." *Nature Neuroscience* 15, no. 5 (April 2012): 675–80. doi.org/10.1038/nn.3085.

第三章：同理心光譜

Brewer, Marilynn B. "The social psychology of intergroup relations: Social categorization, ingroup bias, and outgroup prejudice." In *Social Psychology: Handbook of Basic Principles*, 2nd edition, edited by Arie W. Kruglanski and E. Tory Higgins, 695–714. New York: Guilford Press, 2007.

Aglioti. "Transcranial magnetic stimulation highlights the sensorimotor side of empathy for pain." *Nature Neuroscience* 8, no. 7 (2005): 955–60. doi.org/10.1038/nn1481.

Bufalari, Ilaria, Taryn Aprile, Alessio Avenanti, Francesco Di Russo, and Salvatore Maria Aglioti. "Empathy for pain and touch in the human somatosensory cortex." *Cerebral Cortex* 17, no. 11 (November 2007): 2553–61. doi.org/10.1093/cercor/bhl161.

Decety, Jean, Greg J. Norman, Gary G. Berntson, and John T. Cacioppo. "A neurobehavioral evolutionary perspective on the mechanisms underlying empathy." *Progress in Neurobiology* 98, no. 1 (July 2012): 38–48. doi.org/10.1016/j.pneurobio.2012.05.001.

Ferrari, Pier Francesco, and Giacomo Rizzolatti. "Mirror neuron research: The past and the future." *Philosophical Transactions of the Royal Society of London B: Biological Sciences* 369, no. 1644 (2014): 20130169. doi.org/10.1098/rstb.2013.0169.

Hogeveen, Jeremy, Michael Inzlicht, and Sukhvinder Obhi. "Power changes how the brain responds to others." *Journal of Experimental Psychology: General* 143, no. 2 (April 2014): 755–62. doi.org/10.1037/a0033477.

Lamm, Claus, C. Daniel Batson, and Jean Decety. "The Neural Substrate of Human Empathy: Effects of Perspective-taking and Cognitive Appraisal." *Journal of Cognitive Neuroscience* 19, no. 1 (January 2007): 42–58. doi.org/10.1162/jocn.2007.19.1.42.

Miller, Greg. "Neuroscience: Reflecting on Another's Mind." *Science* 308, no. 5724 (May 2005): 945–47. doi.org/10.1126/science.308.5724.945.

Pelphrey, Kevin A., James P. Morris, and Gregory McCarthy. "Neural basis of eye gaze processing deficits in autism." *Brain: A Journal of Neurology* 128, no.

Riess, Helen. "The Impact of Clinical Empathy on Patients and Clinicians: Understanding Empathy's Side Effects." *AJOB Neuroscience* 6, no. 3 (July–September 2015): 51. doi.org/10.1080/21507740.2015.1052591.

Rifkin, Jeremy. *The Empathic Civilization: The Race to Global Consciousness in a World in Crisis*. Cambridge: Polity, 2010.

Rogers, Carl R. *Client-Centered Therapy*. London: Constable & Robinson, 1995. First published 1951 by Houghton Mifflin (Boston, Oxford).

Shamay-Tsoory, Simone G., Judith Aharon-Peretz, and Daniella Perry. "Two systems for empathy: A double dissociation between emotional and cognitive empathy in inferior frontal gyrus versus ventromedial prefrontal lesions." *Brain: A Journal of Neurology* 132, no. 3 (March 2009): 617–27. doi.org/10.1093/brain/awn279.

Singer, Tania. "Feeling Others' Pain: Transforming Empathy into Compassion." Interviewed by Cognitive Neuroscience Society, June 24, 2013. cogneurosociety.org/empathy_pain/.

Vischer, Robert. "On the Optical Sense of Form: A Contribution to Aesthetics" (1873). *In Empathy, Form, and Space: Problems in German Aesthetics*, 1873–1893, edited and translated by Harry Francis Mallgrave and Eleftherios Ikonomou, 89–123. Santa Monica, CA: Getty Center Publications, 1994.

Wicker, Bruno, Christian Keysers, Jane Plailly, Jean-Pierre Royet, Vittorio Gallese, and Giacomo Rizzolatti. "Both of Us Disgusted in My Insula: The Common Neural Pathway for Seeing and Feeling Disgust." *Neuron* 40, no. 3 (October 2003): 655–64. doi.org/10.1016/S0896-6273(03)00679-2.

第二章：同理心如何運作

Avenanti, Alessio, Domenica Bueti, Gaspare Galati, and Salvatore Maria

Decety, Jean, Greg J. Norman, Gary G. Berntson, and John T. Cacioppo. "A neurobehavioral evolutionary perspective on the mechanisms underlying empathy." *Progress in Neurobiology* 98, no. 1 (July 2012): 38–48. doi.org/10.1016/j.pneurobio.2012.05.001.

Ekman, Paul. *Emotions Revealed: Recognizing Faces and Feelings to Improve Communication and Emotional Life.* New York: Henry Holt and Co., 2007.

Harris, James. "The evolutionary neurobiology, emergence and facilitation of empathy." *In Empathy in Mental Illness*, edited by Tom F. D. Farrow and Peter W. R. Woodruff, 168–186. Cambridge: Cambridge University Press, 2007.

Karam Foundation. Accessed March 19, 2018. karamfoundation.org.

Knapp, Mark L. and Judith Hall. *Nonverbal Communication in Human Interaction*. 7th ed. Boston: Wadsworth, 2010.

Kohut, Heinz. "Introspection, Empathy, and Psychoanalysis: An Examination of the Relationship between Mode of Observation and Theory." *Journal of the American Psychoanalytic Association* 7, no. 3 (1959), 459–83. doi.org/10.1177/000306515900700304.

Lanzoni, Susan. "A Short History of Empathy." Atlantic, October 15, 2015. theatlantic.com/health/archive/2015/10/a-short-history-of-empathy/409912.

Mehrabian, Albert. *Nonverbal Communication*. Chicago: Aldine-Atherton, 1972.

Rankin, Katherine P., M. L. Gorno-Tempini, S. C. Allison, C. M. Stanley, S. Glenn, M. W. Weiner, and B. L. Miller. "Structural anatomy of empathy in neurodegenerative disease." *Brain* 129, no. 11 (November 2006): 2945–56. doi.org/10.1093/brain/awl254.

Riess, Helen. "Empathy in medicine—a neurobiological perspective." *Journal of the American Medical Association* 304, no. 14 (October 2010): 1604–5. doi.org/10.1001/jama.2010.1455.

Harvard Review of Psychiatry 19, no. 3 (2011): 162–74. doi.org/10.3109/08941939.2011.581915.

Riess, Helen. "Empathy in medicine—a neurobiological perspective." *Journal of the American Medical Association* 304, no. 14 (October 2010): 1604–5. doi.org/10.1001/jama.2010.1455.

Riess, Helen, and Carl D. Marci. "The neurobiology and physiology of the patient–doctor relationship: Measuring empathy." *Medical Encounter* 21, no. 3 (2007): 38–41.

Riess, Helen, John Kelley, Robert W. Bailey, Emily J. Dunn, and Margot Phillips. "Empathy Training for Resident Physicians: A Randomized Controlled Trial of a Neuroscience-Informed Curriculum." *Journal of General Internal Medicine* 27, no. 10 (October 2012): 1280–86. doi.org/10.1007/s11606-012-2063-z.

第一章：分享的心智

Batson, C. Daniel, Bruce D. Duncan, Paula Ackerman, Terese Buckley, and Kimberly Birch. "Is empathic emotion a source of altruistic motivation?" *Journal of Personality and Social Psychology* 40, no. 2 (1981):290–302. dx.doi.org/10.1037/0022-3514.40.2.290.

Cartwright, Rosalind D., and Barbara Lerner. "Empathy, need to change and improvement with psychotherapy." *Journal of Consulting Psychology* 27, no. 2 (1963), 138–44. dx.doi.org/10.1037/h0048827.

Decety, Jean. "The neuroevolution of empathy." Annals of the *New York Academy of Sciences* 1231 (2011): 35–45. doi.org/10.1111/j.1749-6632.2011.06027.x.

Decety, Jean, and William Ickes, eds. *The Social Neuroscience of Empathy.* Cambridge, MA: MIT Press, 2011.

參考

前言

Borcsa, Maria, and Peter Stratton, eds. *Origins and Originality in Family Therapy and Systemic Practice.* New York: Springer, 2016.

Chasin, Richard, Margaret Herzig, Sallyann Roth, Laura Chasin, Carol Becker, and Robert R. Stains Jr. "From diatribe to dialogue on divisive public issues: Approaches drawn from family therapy." *Conflict Resolution Quarterly* 13, no. 4 (1996): 323–44. doi.org/10.1002/crq.3900130408.

Halpern, Jodi. *From Detached Concern to Empathy: Humanizing Medical Practice.* Oxford and New York: Oxford University Press, 2001.

Kelley, John Michael, Gordon Kraft-Todd, Lidia Schapira, Joe Kossowsky, and Helen Riess. "The influence of the patient-clinician relationship on healthcare outcomes: A systematic review and meta-analysis of randomized controlled trials." *PloS ONE* 9, no. 4 (April 2014): e94207. doi.org/10.1371/journal.pone.0094207.

Marci, Carl D., Jacob Ham, Erin K. Moran, and Scott P. Orr. "Physiologic correlates of perceived therapist empathy and social-emotional process during psychotherapy." *The Journal of Nervous and Mental Disease* 195, no. 2 (2007): 103–11. doi.org/10.1097/01.nmd.0000253731.71025.fc.

Marci, Carl D., and Helen Riess. "The clinical relevance of psychophysiology: Support for the psychobiology of empathy and psychodynamic process." *American Journal of Psychotherapy* 59, no. 3 (2005): 213–26.

Riess, Helen. "Biomarkers in the psychotherapeutic relationship: The role of physiology, neurobiology, and biological correlates of E.M.P.A.T.H.Y."

我想好好理解你：發揮神經科學的七個關鍵，你的同理也可以很走心 / 海倫．萊斯(Helen Riess)、莉茲．尼波倫特（Liz Neporent）；丁凡譯. -- 一版. -- 臺北市：時報文化, 2020.07｜320面；14.8×21公分｜譯自：The empathy effect : seven neuroscience-based keys for transforming the way we live, love, work, and connect across differences.｜ISBN 978-957-13-8241-8（平裝）｜1.同理心 2.生理心理學｜541.76｜109007891

ISBN 978-957-13-8241-8
Printed in Taiwan.

人生顧問397

我想好好理解你：發揮神經科學的七個關鍵，你的同理也可以很走心

The Empathy Effect: Seven Neuroscience-Based Keys for Transforming the Way We Live, Love, Work, and Connect Across Differences

作者：海倫．萊斯、莉茲．尼波倫特｜**譯者**：丁凡｜**副主編**：黃筱涵｜**責任編輯**：廖婉婷｜**責任企劃**：何靜婷｜**美術設計**：Ancy Pi｜**內頁排版**：宸遠彩藝｜**第二編輯部總監**：蘇清霖｜**董事長**：趙政岷｜**出版者**：時報文化出版企業股份有限公司／108019台北市和平西路三段240號4樓｜**發行專線**：02-2306-6842｜**讀者服務專線**：0800-231-705；02-2304-7103｜**讀者服務傳真**：02-2304-6858｜**郵撥**：19344724 時報文化出版公司｜**信箱**：10899台北華江橋郵局第99信箱｜**時報悅讀網**：www.readingtimes.com.tw｜**法律顧問**：理律法律事務所／陳長文律師、李念祖律師｜**印刷**：絃億印刷有限公司｜**初版一刷**：2020年7月17日｜**定價**：新台幣380元｜**版權所有　翻印必究**（缺頁或破損的書，請寄回更換）

時報文化出版公司成立於一九七五年，並於一九九九年股票上櫃公開發行，於二〇〇八年脫離中時集團非屬旺中，以「尊重智慧與創意的文化事業」為信念。